L'Engrenage

Mémoires d'un trader

Jérôme Kerviel

L'Engrenage

Mémoires d'un trader

Flammarion

ISBN : 978-2-0812-3886-2

PREMIÈRE PARTIE

LA CRISE

CHAPITRE PREMIER

Derniers instants avant la tempête

24 DÉCEMBRE 2007, 24 janvier 2008. Jamais je n'aurais pu imaginer que tout aille si vite. Un mois, jour pour jour, a suffi pour passer de la douceur du cocon familial à une tempête insensée. Brutalement je suis sorti de l'ombre pour me retrouver sous les projecteurs médiatiques ; et tout aussi brutalement, la fragilité et les mensonges du monde de la finance ont éclaté au grand jour.

Je n'ai rien anticipé, rien vu venir. Plongé dans un travail qui dévorait tout mon temps, convaincu d'œuvrer dans le seul intérêt de la banque qui m'employait, j'étais sûr de mes choix et de mes actes ; la chute n'en fut que plus rude. Avant toute explication sur mon métier, avant de revenir sur mes pas et mes années au sein de la Société Générale, il faut d'abord raconter ces trente jours, tenter d'y voir plus clair sur les événements qui ont failli me broyer, qui ont changé toute ma vie et le regard que je porte aujourd'hui sur le monde qui m'entoure.

Le lundi 24 décembre 2007, en fin de journée, je prenais le train pour me rendre en Bretagne et passer

Noël et la fin de l'année auprès de ma mère. Mon frère Olivier, sa femme et mon amie participaient au voyage. Depuis des années nous avions pris l'habitude de nous réunir en famille dans la petite maison bretonne. L'humeur était à la fête. Pour mon frère et moi qui travaillions dans le milieu de la finance, ces quelques jours de vacances étaient les bienvenus. L'ambiance était donc tranquille et heureuse ; nous nous sentions soudés par le souvenir de mon père, emporté un an et demi plus tôt à l'âge de 71 ans.

La température était fraîche, et des pluies intermittentes jalonnèrent notre séjour à Pont-l'Abbé, petite ville proche de Quimper. Mais rien n'aurait pu entacher le plaisir que j'ai ressenti durant ces quelques jours. Au point que je n'ai pas souvenir d'avoir connu de moments aussi sereins que ceux qui clôturèrent le mois de décembre de cette année-là. Comment aurais-je pu imaginer, sourire aux lèvres au milieu de ceux que j'aime, que quelques jours plus tard allait s'abattre sur moi un orage dont, plus de deux ans après, je ne suis pas encore sorti ? Loin d'annoncer une catastrophe, cette période marquait au contraire pour moi un moment de réussite dans le cours de ma carrière.

C'est qu'un événement précis donnait à ce réveillon un caractère exceptionnel. Outre le fait que je pouvais goûter au plaisir d'un repos qui, fermeture des marchés oblige, ne serait pas entrecoupé de coups de téléphone professionnels de mes collègues et supérieurs (« quelle position je prends, est-ce que je déboucle, est-ce que j'attends », etc.), un sentiment de satisfaction me comblait. Je m'étais acquitté de ma tâche au-delà de toutes les espérances puisque j'avais fait gagner à la banque des sommes considérables. À mon compteur s'affichait en effet la somme de 1 milliard et demi d'euros sur l'ensemble de l'année écoulée. Du jamais vu dans les salles de marchés de la célèbre tour de La Défense où trônaient les principaux services de la banque qui m'employait depuis le début du mois d'août 2000. Moi que, trois ans plus tôt, rien ne destinait à de telles fonctions, j'avais à ma grande surprise rejoint le cercle très fermé des traders. Je comptais aujourd'hui parmi ceux auprès desquels les collègues cherchent les bons tuyaux et dont ils tentent de saisir les stratégies gagnantes.

Un tel chiffre revêtait plusieurs significations. Non seulement il pulvérisait les objectifs pourtant élevés que mes patrons m'avaient fixés, mais en plus, là où les autres traders de mon équipe réalisaient des profits annuels de l'ordre de 8 à 10 millions d'euros maximum, mon solde de gains avait grimpé, au cours de la seconde partie de cette année 2007, à une somme plus de cent fois supérieure. Un autre point ajoutait à ma tranquillité d'esprit : ce milliard et demi devait me mettre à l'abri des aléas futurs des marchés en constituant un matelas de sécurité pour mes opérations à venir. C'est pourquoi j'avais voulu en transférer la plus grosse part sur l'année suivante. Compte tenu des résultats qui m'avaient été assignés en 2007, soit 10 millions d'euros annuels, 1 milliard et demi ne représentait pas moins de cent cinquante années de résultats... Un autre calcul m'avait laissé pantois : les seuls intérêts annuels générés par de tels gains se montaient, au cours actuel du marché financier, à près de 70 millions d'euros… Je me voyais donc face à un capital dont les seuls revenus assureraient les objectifs financiers que pouvaient me fixer mes supérieurs jusqu'à la fin de ma carrière de trader !

Il ne s'agissait cependant que de rêves : ces mêmes objectifs ne cessaient d'évoluer à la hausse, puisqu'ils avaient crû de plus de 1700 % en l'espace de trois ans – passant de 3 millions en 2005 à 55 millions en 2008 – et ce alors que, parallèlement, mon périmètre d'activité avait été fortement réduit. En somme, plus je rapportais à la banque, plus celle-ci me fixait des performances élevées. D'autre part, je n'ignorais pas qu'aucune projection comptable ne résiste aux mouvements des marchés et que mon métier ne consiste pas à mettre de l'argent de côté en attente des temps plus difficiles. N'empêche ; à défaut de certitude sur l'avenir, un gain aussi considérable prouvait que mon audace, ajoutée aux compétences qu'on me prêtait, portait ses fruits. Et même si je n'avais pas une mentalité de boursicoteur économe, l'idée que mon résultat constituait un filet de sécurité pour la période à venir m'apportait une sensation de confort.

Mais pour cela, encore fallait-il reporter la plus grosse partie de cette somme sur l'année 2008. Une telle opération n'a rien d'exceptionnel. Elle est connue dans les salles de marchés sous la formule parlante de « mise sous le tapis », ou, de façon plus lapidaire en reprenant le mot anglais, de « *carpet* » ; elle consiste à dissimuler du résultat pour le ressortir plus tard, quand on en aura besoin. D'ailleurs mon responsable direct n'y avait pas fait obstacle, même si, lors de nos brefs échanges, il n'avait jamais été question du montant exact de la somme impliquée ; une pratique habituelle entre traders et responsables, un code tacite fait de silences et de brèves allusions qui entourent les grosses opérations connues de tous mais que personne ne mentionne clairement. Je me souviens d'une discussion avec une responsable du contrôle financier au sujet d'un trader qui dissimulait le résultat de son équipe, et qui s'amusait de la perpétuelle réponse des collègues qui se faisaient « flasher » sur ce type de pratiques : « C'est parce qu'on est du genre conservateur... » « Conservateur » en effet, puisqu'il s'agissait bel et bien de conserver pour l'année suivante – fût-ce par le biais de saisies fictives dans le système informatique – une partie du résultat.

La vérité à propos de mes résultats relevait du secret de Polichinelle puisque la somme, qui correspondait à des gains bien réels et engrangés par la banque, apparaissait en trésorerie et en comptabilité. Compensé par une contrepartie dans un système informatique – j'aurai l'occasion de revenir plus tard sur le détail de toutes ces opérations –, ce fameux milliard et demi existait donc réellement dans les écritures comptables et sur les comptes bancaires de la Société Générale. Et cependant, malgré son énormité, la somme n'avait pas suscité plus de questions particulières que les autres dépassements dont, tout au long de l'année 2007, j'avais fini par prendre l'habitude. Comment aurais-je pu m'inquiéter ? Aucun de mes responsables ne formulait de remontrance, ni *a fortiori* ne me mettait en garde sur les risques que mes pratiques faisaient courir à la banque. Autour des libertés que mes collègues et moi prenions avec les plafonds d'engagement autorisés régnait donc un complet mutisme, une loi jamais dite du « pas vu, pas pris ». Celle-ci n'empêchait pas en revanche les félicitations que nos chefs nous adressaient lorsque les gains s'accumulaient : « Alors, la cash machine, ça laisse ? » (Comprenez : « Ça gagne ? »). À quoi je répondais de façon tout aussi imagée : « Ça laisse la Terre. » (Comprenez : « Ça gagne énormément. »). Ou bien cet autre compliment, encore plus imagé : « Bravo, tu as été une bonne gagneuse aujourd'hui »… Cette formule au goût douteux, combien de fois l'ai-je entendue de la bouche de mes responsables directs lorsque la lecture quotidienne des gains les comblait d'aise ! Mais jamais, en revanche, le moindre mot de mise en garde, de rappel au règlement, de manifestation même légère de crainte face aux risques que nous prenions. C'est que, dans une salle de marchés, le *modus operandi* idéal tient en une phrase : savoir prendre le maximum de risques pour faire gagner à la banque le maximum d'argent. Au nom d'une telle règle, les principes les plus élémentaires de prudence ne pèsent pas lourd. Au sein de la grande orgie bancaire, les traders ont donc juste droit à la même considération que n'importe quelle prostituée de base : la reconnaissance rapide que la recette du jour a été bonne. « Une bonne gagneuse » : le terme ne me choquait même plus, tant était intense le plaisir de rapporter toujours plus à la banque.

Pour toutes ces raisons, j'avais donc atteint en cette fin d'année un état d'esprit particulièrement zen. J'avais honoré mon contrat au-delà de toute prévision. Bien sûr, j'avais pris des positions plus fortes que les encours habituels. Mais sanctionne-t-on un trader qui a gagné 1 milliard et demi ? Un trader qui, de surcroît, était d'autant moins en passe de négocier un bonus exorbitant que ses gains officiellement déclarés, ceux qui allaient bientôt s'inscrire à la clôture de l'exercice 2007, ne se montaient, si je puis dire, qu'à 55 millions d'euros, plus de cinq fois mon objectif tout de même. À tout point de vue, ma conscience était tranquille. J'avais servi au mieux les intérêts de la banque sans prendre en considération mes intérêts personnels. Car n'en déplaise à ceux qui, quelques jours plus tard, me couvriraient de boue, je n'ai jamais guère eu qu'une passion dans la vie : mon métier. Au point d'en payer le prix jusque dans ma vie personnelle. Mais cela est une autre histoire...

C'est donc reposé et détendu que je suis rentré à Paris le mardi 1er janvier pour reprendre le travail dès le mercredi matin. J'avais hâte de retrouver la tour de La Défense et les collègues de travail, en particulier les deux autres traders affectés au même type de produits que moi et qui, au fil du temps, étaient devenus des amis : Ouachel Meskine et Taouffik Zizi, qui travaillaient sur le même desk que moi. J'étais surtout heureux de renouer avec les habitudes de mon métier. Le rituel était désormais bien rôdé. Chaque matin j'arrivais au siège de la Société Générale aux environs de 7 heures, pour prendre connaissance de l'évolution des marchés asiatiques et suivre le cours de certains produits sur le marché américain qui avait clôturé la nuit d'avant. Ensuite je vérifiais dans la presse économique et sur Internet qu'aucun événement marquant n'affectait les sociétés que je suivais. Ma véritable journée de travail commençait alors. Quelques minutes me suffisaient pour rentrer les différents paramètres de cotation dans le logiciel de trading que nous appelons l'« automate », et qui est l'outil informatique de base du trader ; développé en interne par la banque, il lui permet tout au long de la journée d'envoyer automatiquement des ordres d'achat et de vente selon certains critères, dans les limites définies par les responsables de trading. L'automate fait donc à la fois office d'instrument de travail et de premier niveau de contrôle. Cette étape s'achevait par l'examen attentif des tendances des marchés européens telles que les dégagent les premières cotations avant l'ouverture, laquelle intervient à 9 heures. À compter de ce moment-là, mon activité consistait à coter pendant des heures les produits dont j'avais la charge, à l'achat comme à la vente, en suivant l'évolution du marché seconde par seconde. C'est un travail qui exige rapidité, vigilance et réactivité ; les qualités de base du bon trader.

Les conditions dans lesquelles j'exerçais mon métier me facilitaient la tâche. Chacun a en tête les images des salles de marchés dont le cinéma nous abreuve ; il y règne un brouhaha si intense que le spectateur se demande comment il est possible de travailler dans cette agitation. Cette image correspond à une réalité partielle ; je l'avais moi-même connue dans les débuts de mon activité de trading. Je travaillais alors au 6ᵉ étage de la tour, dans un vaste open space où s'alignaient des rangées de bureaux couverts d'ordinateurs. Yeux rivés sur leurs écrans et micros au bord des lèvres, les traders passent leurs journées à communiquer avec leurs correspondants tout en envoyant des ordres sur le marché. L'ambiance sonore atteint de tels niveaux et, par moments, l'hystérie est si forte qu'il est quasiment impossible de suivre les conversations des voisins les plus proches. La raison en est que ces traders, qui passent des ordres d'achat et de vente sur les marchés, sont souvent en relation constante avec de nombreuses personnes. Mais parmi les traders, il y en a dont le métier consiste à vendre à de gros investisseurs ces produits financiers émis par la banque qu'on appelle « warrants » (qui ne sont autres que des options d'achat ou de vente, j'y reviendrai). Ceux-là, qu'on appelle les « traders-clients », n'ont pas grand-chose à voir avec l'image classique du trader qui investit les fonds de la banque ; ils se sentent d'ailleurs perdus dans une atmosphère aussi électrique. Je faisais partie de ce groupe restreint de professionnels plutôt atypiques.

Mais début 2007, le département des produits financiers dérivés auquel j'appartenais s'est développé au point qu'il a fallu le déménager un étage plus haut dans une nouvelle salle créée pour l'occasion. Celle-ci pouvait accueillir une centaine de personnes, pour la plupart des « traders-propriétaires » qui pilotent des opérations d'investissement avec les fonds de la banque, par différence avec mon propre métier de « trader-client », en relation, je l'ai dit, non avec des particuliers mais avec des investisseurs institutionnels. Comme la précédente salle, elle formait un vaste open space avec des bureaux munis de rangées d'écrans et aux murs eux-mêmes couverts d'écrans, mais il y régnait un silence quasi complet. Une anecdote significative : le jour où nous avons inauguré la nouvelle salle, le calme était si inhabituel que j'ai raté l'ouverture du marché ! J'avais tellement pris l'habitude que l'horloge parlante utilisée par les traders autour de moi égraine les secondes avant le quatrième top que je ne prêtais même plus attention à la pendule. Ces détails ont leur importance. Autour de moi l'ordre et le calme régnaient à un point tel que chacun entendait tout, savait en permanence ce que faisait le voisin.

Outre le silence de la salle où je passais mes journées, d'autres facteurs, liés à la disposition des personnes, rendent absurde la thèse de prétendues opérations secrètes que la direction de la Société Générale a tentée par la suite d'imposer à la justice et à l'opinion. La petite équipe de huit traders à laquelle j'appartenais siégeait à une table, nos écrans étant placés à moins d'un mètre les uns des autres. Le responsable direct, celui qu'on nomme le « n+1 », Éric Cordelle, travaillait à environ deux mètres de mon propre poste. Âgé de 36 ans, marié, père de famille, polytechnicien, toujours vêtu d'un strict costume et d'une chemise blanche, c'était un homme sérieux qui n'affichait pas moins de treize années d'expérience dans la finance de marché. Il avait commencé sa carrière au contrôle des risques, dans l'équipe en charge de mesurer les niveaux d'exposition des traders, puis il avait passé huit ans dans le département auquel j'appartenais, dont quatre comme responsable d'une équipe d'ingénierie financière à Tokyo. Son principal rôle consistait en 2007 à faire le reporting quotidien des opérations, c'est-à-dire à valider les volumes traités et nos résultats et à les assortir d'un commentaire quand les sommes engagées excédaient certains seuils. Les commentaires en question étaient toujours succincts, sinon fantaisistes, du style « opération en cours de trading » – phrase, on le voit, insuffisamment claire –, ou « spiel », qui signifie « jeu » en allemand (c'est ainsi qu'on désigne une opération de pure spéculation), ces remarques n'expliquant guère comment le résultat a été dégagé et grâce à quelle stratégie. Le reporting passait ensuite à ses supérieurs, au nombre desquels le « n+2 », Martial Rouyère, lui aussi ancien élève d'une grande école d'ingénieur, 37 ans et de nombreuses années d'expérience de trader en salle de marchés, l'apparence tout aussi austère qu'Éric, bien qu'il s'autorisât le jean et l'absence de cravate le vendredi selon la mode anglo-saxonne. Il chapeautait trois équipes de traders qui travaillaient tous dans le même périmètre, et son poste de travail se trouvait à quatre ou cinq mètres de notre table. Son rôle consistait à effectuer un contrôle plus large. Éric se limitait donc aux aspects purement techniques, tandis que Martial prenait en compte un autre paramètre, celui du risque généré par nos opérations.

Quoi qu'il en soit, aucun de ces deux responsables ne m'a jamais fait observer que j'étais en dépassement ou que les résultats annoncés posaient problème. Au contraire, tous deux se montraient enchantés quand ceux-ci tombaient. Quant aux pertes, elles étaient visibles dans de nombreux systèmes informatiques, même si personne ne semblait s'en soucier. Comme beaucoup de mes collègues, j'avais le moyen de les dissimuler facilement dans l'attente des résultats positifs sur lesquels je misais ; ce qui, jusqu'au mois de janvier 2008, s'est toujours produit. En trois ans, je n'avais jamais débouclé une position débouchant sur une perte.

En dehors des demandes que je formulais auprès d'eux ou des informations que je leur transmettais, j'avais peu de contacts verbaux avec Éric Cordelle et Martial Rouyère. Ils allaient plus souvent s'entretenir avec mes collègues qu'avec moi. Souhaitaient-ils ne pas trop creuser mon travail et mes méthodes ? La seule remarque qui m'ait jamais été rapportée, c'est la réaction d'Éric Cordelle : « Jérôme fait plein de pognon ; il va falloir industrialiser sa stratégie l'année prochaine. »

Et c'est ainsi que, au fil de l'année 2007, je m'étais installé dans des situations fausses sur lesquelles personne ne se risquait à attirer mon attention ; résultats obligent ! En fait, je m'en suis rendu compte par la suite, je faisais à cette époque preuve d'une naïveté désarmante. J'étais convaincu qu'il suffisait de faire son métier en allant au bout de soi-même et sans en tirer d'autre profit que la satisfaction de faire au mieux. La suite m'a prouvé que j'aurais dû avoir plus de mesure dans mes actes autant que dans mes enthousiasmes. Mais j'éprouvais alors un plaisir d'autant plus intense que tout le monde m'encourageait. À plusieurs reprises cependant, et ce dès le mois d'avril 2007, mes supérieurs hiérarchiques avaient été alertés par les services de contrôle de la présence d'opérations fictives sur mon périmètre, mais eux-mêmes ne m'avaient jamais mis en demeure d'arrêter ces pratiques ni n'étaient venus me poser la moindre question.

Mon cas ne faisait pas exception à la règle non écrite des salles de marchés. Aucun trader ne ménageait sa peine. C'est tout juste si nous nous autorisions une ou deux fois par demi-journée une courte pause café ou cigarette en bas de la tour avant de retourner à nos écrans d'ordinateur. Le midi, rarement de déjeuner. Un sandwich hâtivement croqué dans la salle suffisait. Et la journée se poursuivait ainsi, au gré du travail et des émotions qui l'accompagnaient. Je n'étais pas le dernier à manifester bruyamment ma joie en cas de gain important, ni non plus à me défouler en cas de perte ; la souris de mon ordinateur, que je tapais alors rageusement sur le bureau, en fit plus d'une fois la triste expérience !

Une dizaine d'heures après le commencement de la journée, la clôture du marché parisien, à 17 h 30, n'en marquait pas la fin ; les produits dérivés dont nous avions la charge suivent les horaires du marché new-yorkais. Il s'agissait donc de poursuivre nos cotations en « after market », ce qui faisait de nous les plus gros travailleurs des salles de marchés, ceux à qui les journées de treize ou quinze heures ne répugnaient pas. Les autres traders fermaient leurs écrans à partir de 18 heures pour les premiers, vers 20 heures pour la majorité. Pour ma part, le plus souvent, je poursuivais mon travail jusque vers 22 heures, lorsque Wall Street s'achemine vers la clôture. Je rejoignais alors un ou deux collègues dans un de nos bars favoris situé au pied de la tour pour décompresser, un verre de bière en main, avant de partir prendre un rapide dîner ailleurs.

Étrange moment de décompression, en vérité ; nous ne parlions guère d'autre chose que de notre travail, des cours de nos produits, de l'état des marchés, nous échangions des anecdotes sur la tôle de l'un, les gains de l'autre, et repassions ensemble les événements d'une journée vécue au rythme frénétique des clics de souris et des sommes faramineuses engagées dans nos différentes opérations. Chacun de nous était en quelque sorte devenu une excroissance de la Société Générale. Nous ne vivions que par elle et pour elle, au point d'accepter sans même nous en rendre compte que notre vie privée soit envahie par sa toute-puissance. Même loin de la tour de La Défense, en vacances ou en week-end, c'était comme si un fil invisible continuait de nous attacher à elle ; une sorte de cordon ombilical, de lien organique qui à la fois nous maintenait dans son giron, nous nourrissait et nous protégeait.

Je rentrais rarement chez moi, à Neuilly, avant minuit ou 1 heure. Je m'écroulais alors sur mon lit, mort de fatigue, pour une courte nuit de cinq heures. Dès 6 heures, je me préparais tout en suivant d'un œil attentif les premières nouvelles des marchés attrapées sur LCI ou sur l'écran de mon téléphone portable. Puis je me précipitais dans le métro pour rejoindre le quartier de La Défense.

J'allais de plus en plus rarement voir ma mère en Bretagne. Où aurais-je trouvé le temps et le courage de prendre le train pour un voyage de cinq heures ? Je voyais peu mon propre frère, dont j'étais pourtant proche et qui habitait Paris. Mes priorités ne passaient plus par la sphère familiale. J'entretenais sans m'en rendre compte le pire des amalgames : vies privée et professionnelle avaient totalement fusionné. Toute mon existence était désormais construite autour de la Société Générale. Autre constat affligeant qu'il me fallut des mois pour accepter : bien des gens que je prenais pour mes amis n'en étaient pas, même si je leur consacrais beaucoup de mon temps et de mon attention. Durant cette période encore plus qu'auparavant, les problèmes des autres m'ont toujours retenu, peut-être pour m'éloigner des miens propres. Ce souci altruiste m'absorbait entièrement, comme un désir d'être utile, de me rapprocher d'eux, de rester à leur écoute pour tenter de les soutenir dans les épreuves qu'ils traversaient. Mon entourage immédiat en pâtissait. Mon amie elle-même, que j'avais connue à la Société Générale, et à laquelle m'attachaient des liens affectifs très forts, passait au second plan. Nous ne vivions pas ensemble, à la fois parce que nous n'en étions qu'aux débuts de notre relation et parce que je voulais disposer du maximum de temps pour travailler et voir ces mêmes amis. Je ne percevais pas à quel point j'étais aliéné dans l'ensemble de ma personne, et jusque dans ma vie affective.

Il y avait bien longtemps que, lassés d'horaires de travail démentiels qui ne me permettaient même plus de répondre aux messages enregistrés sur mon répondeur, mes amis de jeunesse ou d'études s'étaient éloignés. J'en avais à peine conscience ; c'est que d'autres amis plus proches de moi et de mes préoccupations avaient remplacé les précédents, des amis dont je partageais les horaires, les joies et les peines, et jusqu'à ce langage étrange fait de raccourcis américains qui règne dans les milieux financiers : *bull, bear, yours, mine, fat finger*… Tout au long de soirées sans fin et de week-ends monotones nous ressassions ainsi les heures passées dans l'antre de la Société Générale. J'avais abandonné les sports auxquels, pendant des années, je m'étais adonné avec bonheur, le judo, le jogging. Je fumais de plus en plus, dormais de moins en moins, m'alimentais n'importe comment, et tentais vaguement, le week-end, de récupérer de la fatigue accumulée au fil des jours. Et chaque lundi, je retrouvais le rythme infernal de la salle de marchés.

C'est seulement lorsque je me suis retrouvé dans la tourmente que j'ai compris combien mes priorités avaient été vaines. J'avais fait de mauvais arbitrages humains, donné trop de temps à des gens qui n'en valaient pas la peine, et pas assez à mes véritables proches. J'ai alors compris que, comme tous les autres traders, j'étais devenu un être privé d'identité propre, un numéro parmi d'autres au milieu de la foule qui grouillait dans le quartier de La Défense comme dans les couloirs de la Société Générale. Il m'a donc fallu bien du temps pour comprendre ce qu'était devenue ma situation personnelle à cette époque ; je n'y suis guère parvenu que dans le silence de ma cellule, quelques semaines plus tard. La banque nous avait si bien convaincus de sa toute-puissance qu'elle n'avait même plus besoin de revenir à la charge, de nous rappeler au respect d'un quelconque règlement ou de nous remonter les bretelles en cas de négligence. La hiérarchie était là pour nous aider et nous encourager, de façon paternaliste et confiante, mais pas pour nous contraindre ; nous nous en chargions très bien nous-mêmes. Chacun avait fait siennes les exigences du travail, jusqu'à l'ivresse, jusqu'à l'addiction. Et si aucun syndicaliste ne parvenait à franchir une salle de marchés pour y sensibiliser au respect d'un embryon de droit du travail, ce n'est pas parce que ses chefs les en empêchaient ; les traders et leurs assistants s'en chargeaient eux-mêmes, convaincus que la loi du marché ne devait pas régner dans la seule vie économique, mais aussi jusque dans les rapports sociaux. La dérèglementation était devenue notre loi à tous, et pas seulement celle de l'économie mondiale ; il fallait nous laisser travailler beaucoup plus pour faire gagner beaucoup plus à la banque. Et puis, qui sait ? Si nous parvenions à coter, vendre et acheter tout le temps, peut-être atteindrions-nous des niveaux de résultats encore plus faramineux. C'est à ce prix que le système pouvait avancer ; mais c'est également à ce même prix que chacun d'entre nous, aussi aveugle à soi qu'esclave de la banque, croyait pouvoir se réaliser. Oui, la formule était bien trouvée : nous étions tous devenus de « bonnes gagneuses », et nous aimions notre enfer.

CHAPITRE 2

Un milliard et demi,
un bien pour un mal

J ANVIER 2008 a débuté par le redémarrage normal des activités. Au mercredi de mon retour de congé succédèrent d'autres journées que rythmait le travail ordinaire de trading dans une salle de marchés. Et puis, vers la mi-janvier, j'ai senti poindre une sourde inquietude. L'année 2007, durant laquelle mes choix étaient restés constants, m'avait déjà fait connaître des sueurs froides et des remises en question : durant plus d'un trimestre de lourdes pertes latentes s'étaient accumulées sur mon book, que j'avais dissimulées dans le système informatique du front office, avant que le marché ne se retourne jusqu'à enregistrer des gains réels considérables. Mais en ce début de nouvelle année, pour la première fois depuis que je travaillais comme trader, une nouvelle analyse m'avait conduit à miser sur une hausse des marchés.

Outre mes calculs, trois raisons principales expliquaient cette position. D'une part j'étais convaincu que, face à la crise financière qui commençait à frapper, les banques centrales et les gouvernements n'allaient

pas tarder à réagir en injectant massivement des liquidités dans l'économie, ce qui redonnerait confiance
aux marchés. J'appuyais mon hypothèse sur un précédent historique célèbre, celui de la crise financière
asiatique de 1998 ; les économies avaient fini par
repartir grâce à un apport massif de capitaux. D'autre
part, il est de notoriété que le mois de janvier est tra-
ditionnellement haussier, et cela à cause de la politique des grands fonds d'investissement. Pour
nettoyer leurs bilans, ils vendent en effet traditionnel-
lement beaucoup en décembre. Mais dès que la nouvelle année arrive, leur politique de rachat tire le
marché vers le haut. Je m'attendais donc à des
rebonds importants. C'est d'ailleurs ce qui s'est produit, mais à terme plus lointain que ce que j'avais
subodoré. Enfin, le stratégiste star de la Société Générale, Alain Bokobza, avait rédigé en début d'année
une note plutôt optimiste dans laquelle il annonçait :
« Nous ne sommes pas *a priori* à la veille d'un grand
krach boursier. »

Dans l'immédiat, cependant, la baisse s'amplifiait.
Chaque jour, j'enregistrais de nouvelles pertes
latentes, lesquelles entamaient sérieusement les
sommes engrangées à la fin de 2007. Face à cette
situation, une seule attitude s'imposait : garder mon
calme, patienter dans l'attente d'un retournement de
conjoncture.

Autre chose me préoccupait. Toujours à la même
période, celle de la mi-janvier, je commençai à sentir la
gêne des contrôleurs financiers. Autour de moi circulaient des rumeurs, je saisissais à mi-mots des conversations embarrassées dont on ne me communiquait

pas la teneur. J'appris bientôt de la bouche du responsable du contrôle financier que mon résultat de l'an
passé posait problème ; mais qu'on s'employait en
haut lieu à lui trouver une solution. Je tombai des
nues. Quel problème pouvait bien engendrer un gain
de 1 milliard et demi ? Mais au fil des jours et des questions qui commençaient à m'être posées, je compris
que c'était moins le gain par lui-même qui embarras-
sait la banque que la manière dont je l'avais « mis sous
le tapis ». Malgré tout, je gardais confiance. Dans son
principe, sinon dans son montant, l'opération ne diffé-
rait pas de celles que je pratiquais depuis le début de
l'année 2007 et dont mes managers avaient régulièrement été informés. À cette époque ils s'étaient
échangé des mails, dont j'avais parfois eu connaissance, afin de mettre en place des solutions pour les
problèmes posés par les dépassements d'encours et
nécessitant donc une écriture de dissimulation, les
miens comme ceux de mes collègues. Ils avaient toujours trouvé la réponse adéquate, la plupart du temps
sans même m'en parler. Par exemple, en juillet 2007,
cinq opérations fictives avaient généré à elles seules
un résultat de 790 millions d'euros… Le chiffre paraît
assez improbable – sur cinq opérations j'avais donc
dépassé le résultat trimestriel de toute la banque –
mais fut bel et bien traité par les services compétents
sans plus d'investigation, alors même que ces services s'étonnaient des montants engagés [1] ; ou encore,
deux mois plus tôt, sept opérations fictives sur des
produits financiers avaient été identifiées par le

---

1. Voir le document n° 1, p. 252.

contrôleur financier pour un montant en nominal de presque 8 milliards d'euros. Remontant lors des arrêtés comptables, ces écritures, qui mettaient en jeu des sommes considérables, avaient causé quelques soucis avant d'être purement et simplement annulées par les services concernés sans qu'aucune question ne me soit posée. Pis, si j'en juge au mail qui en est resté, l'opération fut régulièrement reconduite...

Ces annulations n'étaient pas de mon fait. Contrairement à ce qui a été dit ensuite dans les médias, je n'ai jamais usurpé l'identifiant informatique d'une autre personne, pas plus que je n'ai eu la possibilité d'opérer des actions dans des systèmes de comptabilité ou de traitement des opérations (back-office). Mon seul tort : comme de nombreux collègues, mais je l'admets dans des proportions probablement plus importantes – bien qu'après tout personne ne soit jamais allé y voir de très près –, avoir inséré des données fausses dans un système pour lequel la Société Générale nous avait donné les droits et donc, nécessairement, le loisir de le faire, comme le reconnaîtront plusieurs personnes lors de l'instruction. À aucun moment je ne me suis introduit dans les systèmes de comptabilité ou du back-office pour supprimer ou insérer des données. Je réalisais des transactions parfaitement autorisées, dont j'avais le tort de dissimuler le risque en saisissant dans mon propre système les opérations inverses avec des contreparties fictives. Ces dernières opérations se déversaient alors automatiquement dans le système de contrôle, où elles restaient non traitées dans l'attente de l'identification de la contrepartie. À l'issue d'une certaine période,

30/05/2007 17:57

To ████████████ /fr/socgen@socgen
cc ████████████ /fr/socgen@socgen, ████████████ /fr/socgen@socgen
bcc
Subject Réconciliation U7003-S3384 [C1]

Bonjour,

Nous avons eu le même problème ce mois-ci avec les deals ci-dessous : nous déclarons face à Clickoptions des Achat-vente IFAT or l'entité n'a pas d'activité de vente de forward.
Je les ai annulé en intercos pour cet arrêté mais pourriez-vous faire le nécessaire pour le mois prochain ?

Cri n°	Account	Cur	Amount	Guichet	PTF	Transaction Id	Start Date	End Date	Direct Con:	Norm	Carat IAS /
8390519	99949306	EUR	24 109 800,00	7003	WAR2A	TOP1556433	26/04/2007	18/05/2007	S3384	FRA	IH95347
8390523	99949306	EUR	2 648 149 679,09	7003	WAR2A	TOP1556444	26/04/2007	15/06/2007	S3384	FRA	IH95347
8429662	99949306	EUR	568 749 800,00	7003	WAR2A	TOP1562111	24/04/2007	15/06/2007	S3384	FRA	IH95347
8467432	99949306	EUR	914 336 656,50	7003	WAR2A	TOP1480862	03/04/2007	15/06/2007	S3384	FRA	IH95347
8471811	99949306	EUR	864 330 225,00	7003	WAR2A	TOP1491460	05/04/2007	15/06/2007	S3384	FRA	IH95347
8483621	99949306	EUR	819 172 469,75	7003	WAR2A	TOP1531776	20/04/2007	15/06/2007	S3384	FRA	IH95347
8487499	99949306	EUR	1 855 273 187,50	7003	WAR2A	TOP1537673	23/04/2007	15/06/2007	S3384	FRA	IH95347

Par ailleurs, nous avons un écart avec cette entité également sur les deals TOP1205684 et TOP1205936 que nous déclarons en produits d'options pour 1 898 519,99€ chacun. D'après Clickoptions il est peu vraisemblable que ceux-ci les concernent vu les montants.
En interrogeant l'application Thétys, j'ai pu constater que ces deux deals ont pour statut "canceled" mais je ne peux avoir d'autres informations, d'après le support Thétys seule une interrogation Eliot peut me donner la date d'annulation, etc. Etes vous en mesure de me renseigner sur cet écart récurrent depuis le début d'année ou pourriez vous dans le cas contraire me renvoyer vers la bonne personne ?

Merci d'avance,

Cordialement,

SGCIB Paris
ACFI/ACR/ACT/CNS

pouvant aller jusqu'à plus de trois semaines, elles étaient annulées automatiquement, sans demande d'explication par les instances de contrôle.

Mais cette fois-ci, la situation ne paraissait plus aussi simple. J'appris bientôt que les services comptables peinaient à trouver la solution au problème. C'est la raison pour laquelle je sentais l'inquiétude monter parmi mes responsables. J'en eus rapidement confirmation lors d'échanges informels avec certains de mes responsables directs. Les comptes annuels de la banque étant arrêtés au 31 décembre, les transactions atypiques que j'avais saisies pour transférer du résultat d'une année sur l'autre déséquilibraient un ratio décisif connu dans les milieux bancaires sous le nom de son créateur, Cooke. Celui-ci impose aux banques de détenir des fonds propres au moins égaux à 8 % de leur encours de risque. Son but : maintenir un volant de liquidité afin de protéger la banque contre un éventuel défaut de ses contreparties. Or ce ratio est rendu public, soumis aux commissaires aux comptes et aux instances de surveillance de l'État. D'où l'affolement des services de contrôle comptable...

À vrai dire je n'avais qu'une connaissance vague de ces mécanismes et de leur incidence. Au moment de la clôture de l'exercice 2007, à la fin décembre, j'avais donc agi selon mes habitudes. Sauf qu'en janvier 2008, il devenait impossible de « rattraper le coup » la semaine suivante... Les services de la banque se trouvaient donc coincés dans un dilemme : ou bien faire apparaître dans les résultats le gain de 1 milliard et demi, avec les fâcheuses incidences fiscales que cela entraînerait, ou bien le reporter sur l'exercice suivant, ce qui aurait comme effet de mettre en évidence un ratio Cooke inacceptable au regard de la réglementation prudentielle. Pour un organisme financier dont la constante préoccupation est de gagner le maximum d'argent tout en restant le plus discret possible, cette somme constituait donc un élément doublement dérangeant.

Mon malaise s'augmenta bientôt d'un autre. Par un de ces concours de circonstances malheureux qui transforment la vie d'un trader en cauchemar, mes craintes étaient en train de se concrétiser : les positions que j'avais prises sur le marché devenaient au fil des jours de plus en plus mauvaises. J'en arrivai même à envisager le pire des scénarios possible : mes gains de l'an passé allaient être anéantis par mes pertes actuelles si je devais déboucler mes positions dans l'urgence. Et je ne disposais plus d'aucune marge de manœuvre. Car cherchant à rattraper la situation, j'avais pris des risques de plus en plus élevés en engageant sur le marché des positions énormes pour un total de 50 milliards d'euros, une somme que je n'avais jusqu'alors jamais atteinte. J'avais beau avoir calculé que, compte tenu des réserves dont je disposais, un tel engagement me pla-çait en dessous de pertes possibles, je me retrouvais dans la situation de l'équilibriste qui avance sur un fil tendu au-dessus de l'abîme : le moindre faux pas, le plus petit événement imprévu, et je risquais la cata-strophe. Je renouerais alors avec ces épuisantes phases de stress que je ne connaissais que trop, l'œil rivé sur mon écran pour faire du résultat à tout prix parce que je ne disposais plus d'aucune réserve.

Il fallait prendre mon mal en patience tout en me raisonnant. J'étais convaincu que, par un rebond technique, les cours allaient remonter en février – ce qui d'ailleurs s'est révélé exact dans la deuxième quinzaine de février, mais à cette époque mes posi-tions avaient été débouclées à la hâte par mon succes-seur. La situation aurait-elle abouti à la même catastrophe si on m'avait maintenu aux manettes ? Il est toujours facile de refaire le match qui a été perdu par d'autres ; je me garderai donc de jongler avec les différentes hypothèses.

Durant ces jours où je sentais la tension monter autour de moi, une question lancinante ne cessait de m'agiter. Alors même que j'étais harcelé de questions à propos de mes gains antérieurs, quelle incidence mes pertes potentielles actuelles pouvaient-elles avoir sur leurs inquiétudes ? Je l'ignorais. Pour qui sait lire des listings de chiffres, la réponse ne faisait pourtant aucun doute. Chaque jour, mes opérations fictives donnaient lieu à un « pilotage » des risques et des résultats dans ce que nous appelons la « base tampon », où le service dédié à cette tâche a pour but de suivre et de vérifier lesdites opérations en cours. Ce service avait donc pu constater dans cette base la présence de 50 milliards d'euros d'engagement face à une contrepartie inconnue de la banque et qui générait une perte de près d'1 milliard d'euros. Reste que j'ignorais jusqu'à quel niveau de hiérarchie ces résultats étaient diffusés. Et comme personne ne me renseignait sur ce point, j'avançais des explications avec le sentiment pénible de ne pas savoir de quel type d'information disposaient exactement mes interlocuteurs. La situation devenait hautement délicate ; je ne me contentais plus d'avancer sur un fil, un brouillard de plus en plus épais m'environnait de tous côtés.

Le jeudi 17 janvier, ses contours se précisèrent brutalement. Dès le matin j'eus connaissance de réunions entre les responsables du contrôle financier de la salle et les services comptables pour trouver une issue au problème ; mais je n'en savais pas plus. Puis, dans la soirée, à sa demande, j'ai rencontré le responsable du contrôle financier, un homme d'un quarantaine d'années, dynamique, à l'expertise avérée, auquel j'expliquai que ce milliard et demi, je le devais à un intermédiaire renseigné dans la transaction, et ce depuis deux mois : la somme ne correspondait pas à un gain, mais à une dette extérieure. Au demeurant je ne mentionnai pas l'identité de cet intermédiaire. Cette annonce d'un débit supérieur à 1 milliard, face à un inconnu, le tout en pleine crise financière, aurait dû le stupéfier, mais il ne me posa pas d'autres questions et, malgré une gêne perceptible, il m'assura qu'il allait « trouver une solution ». C'est à ce moment que, de sa bouche, j'entendis parler pour la première fois du ratio Cooke, et du problème que les contrôleurs financiers rencontraient à cause de mon résultat de fin 2007. Sur le moment, j'eus du mal à comprendre ce que cherchaient ces mêmes employés auxquels j'avais eu affaire depuis le début de l'année 2007 et qui, chaque fois, avaient couvert mes opérations sans sourciller. Le responsable m'expliqua alors : le ratio de solvabilité, l'explosion que générait l'écriture, etc. Je comprenais bien le problème. Mais pour moi, il relevait d'une simple technique de saisie des données, et rien de plus. Si seule l'écriture dans le système posait question, il suffisait de changer la nature de la transaction de sorte qu'elle n'impacte plus le ratio Cooke, et tout serait rétabli.

Pour le reste, je conservai la même attitude d'esprit ; j'avais beau déployer des trésors d'imagination, je ne voyais pas quel reproche on pouvait adresser à quelqu'un qui avait fait gagner 1 milliard et demi à son employeur… « Oui, mais ce n'est pas si simple que ça », me lança un des contrôleurs avec un hochement de tête embarrassé. J'appris que le service se trouvait confronté à un autre problème, lui aussi d'ordre technique, et dont la logique m'échappait. Au lieu de compenser les ordres d'achat et de vente pour établir le niveau du risque, les contrôleurs considé-raient dans ce cas que l'exposition était égale à la somme des opérations ; ce qui, bien sûr, donnait d'emblée au risque une ampleur impressionnante. Si quelqu'un me doit une somme de 100 et que je lui dois en retour 80, le risque est de 180 et non de 20... Cela peut sembler curieux, mais c'est ainsi. Seules importent aux yeux des contrôleurs les valeurs abso-lues des transactions engagées, sans tenir compte de l'effet de compensation qui limite, voire annule, le risque.

Aux explications que me donna le responsable, je compris alors que les contrôleurs devaient rectifier de nombreuses écritures ; c'était une opération envisa-geable, sauf que nous nous trouvions à quelques jours des arrêtés comptables et que la situation com-mençait à se tendre – surtout compte tenu de l'énor-mité des sommes engagées et de la manière de calculer le risque telle que je viens de l'exposer. En outre, les rumeurs autour du mystérieux milliard et demi étaient remontées trop haut dans la hiérarchie de la maison pour pouvoir désormais être étouffées.

Pour compléter un tableau déjà bien sombre, j'appris lors de cette même journée une autre nou-velle qui n'arrangeait pas mon dossier : les commis-saires aux comptes devaient débarquer dès le lundi suivant à la banque. Comme au mois d'avril 2007, lors de la détection des premières opérations fictives par les services de contrôle, ces derniers semblaient pressés de régler le problème pour qu'il ne soit pas soumis à l'approbation des commissaires aux comptes. L'affaire était devenue trop grosse, et on s'en souciait trop tard. Qui allait être le dernier à tenir la patate chaude entre ses mains ? Car le risque devenait majeur pour les responsables de la Société Générale : *via* cette anomalie comptable et le déséquilibre du ratio Cooke, un coin du voile risquait d'être levé sur l'ensemble du fonctionnement de la plus prestigieuse des salles de marchés de la Société Générale. Le risque n'était pas mince. Comment réagiraient médias, banquiers et gouvernants face à l'opinion dès lors que celle-ci découvrirait ce que beaucoup savaient mais feignaient soigneusement d'ignorer : que le roi était nu ?

Le lendemain, vendredi, la température monta encore de plusieurs degrés. J'étais à peine arrivé dans la salle qu'il me fallut subir un nouvel entretien avec un des responsables du pôle d'activité qui, lui, s'occupait des aspects fiscaux. Je m'en tins à la même ligne de défense, lui répétant que j'avais contrebalancé les écritures des gains par d'autres engagements auprès d'une contrepartie dont l'identité était en cours de renseignement dans la base tampon. Le silence embarrassé de mon interlocuteur m'indiqua suffisamment à quel point une telle réponse ne le satisfaisait pas. Comment, du reste, l'aurait-elle pu ? Ces écritures étaient fictives – on verra plus loin que mes responsables en avaient été informés – et j'imaginais sans peine les doutes des grands patrons devant une situation qu'ils semblaient découvrir – à moins qu'ils n'aient jamais voulu la connaître…

Ensuite, on m'ignora. Je retournai à mon écran et à mon travail habituel. Mais toute la journée, j'eus connaissance de réunions entre responsables de plus en plus importants, depuis mon n+2, Martial Rouyère, jusqu'au n+6, Luc François, le patron des salles de marchés, qui ne m'avait jamais adressé la parole. Au fil des heures, ces rencontres sur lesquelles personne ne me fournissait d'information me plongèrent dans une inquiétude grandissante. En début d'après-midi, Martial Rouyère m'interrogea sur un ton cassant. Il voulait savoir, selon ses propres termes, « ce que cachait ce truc ». Le plus étrange était ce jeu de dupes. Mes responsables n'étaient-ils pas au courant de la situation au moins depuis le mois d'avril précédent, date à laquelle son supérieur et lui avaient reçu coup sur coup deux mails de la comptabilité et du contrôle financier leur indiquant que j'avais saisi des opérations fictives qui dégageaient un résultat, lui aussi fictif, de 94 millions d'euros ? Que signifiait toute cette mise en scène ? Le ton monta rapidement entre nous ; lui me posant une question dont il connaissait la réponse, moi lui répondant par une esquive dont il n'ignorait pas la fausseté… De plus, la veille, je lui avais parlé, ainsi qu'à Éric Cordelle, du problème rencontré par les contrôleurs financiers sur certaines de mes opérations et de leur impact sur le ratio Cooke. Or, la nature même de mon métier rendait le scénario improbable : j'étais supposé intervenir principalement sur les marchés organisés, et non sur les marchés de gré à gré qui génèrent plus de risques de crédit.

Sur ce, un responsable des services fiscaux, déjà rencontré le matin, revint me voir et me demanda de supprimer le nom de la contrepartie, le courtier Baader, et de le remplacer par la formule « en attente ». Je compris sans peine que quelqu'un, dans la banque, avait contacté le courtier pour s'assurer qu'il traitait bien avec moi. Devant sa réponse négative, on me demandait d'ôter son nom afin d'éviter toute fuite *via* la maison Baader. En somme, on noyait l'écriture dans l'anonymat, rien de plus ; le principe de la dissimulation demeurait entier, et se trouvait même cautionné par la décision qui venait d'être prise.

La journée se poursuivit en réunions auxquelles je ne fus pas convié et je pus me consacrer sans autre incident à mon activité de trading ; activité au demeurant de plus en plus difficile car, sur le marché, la baisse continuait. Mais cette ambiance de mystère autour de moi devenait insupportable. C'est pourquoi, en fin de journée, je pris mon courage à deux mains et m'enquis auprès d'Éric Cordelle des événements du jour. Il se montra apaisant ; je pouvais partir l'esprit tranquille en week-end car le problème était en voie d'être résolu. Je trouvai la soudaineté de cette affirmation plutôt bizarre, et tentai d'en savoir plus. J'allai voir mes deux autres supérieurs, Martial Rouyère et mon n+3, Philippe Baboulin. Ils me confirmèrent que certaines opérations posaient problème à la hiérarchie, mais m'informèrent d'une bonne nouvelle : le patron de la salle, Luc François, venait d'annoncer que les procédures de contrôle se limiteraient à un audit interne visant certaines opérations – entendez celles que j'avais entrées à la fin de 2007 afin de transférer un résultat de 1 milliard et demi d'euros sur l'année suivante. Tout le monde semblait soulagé. Si l'inspection générale restait en dehors de l'affaire, c'est que l'incendie était circonscrit. Il suffirait de trouver une solution pour expliquer les positions prises et annuler ou corriger les écritures selon les directives des auditeurs. L'affaire serait traitée en interne. La salle ne verrait pas des types extérieurs au service fouiller dans les systèmes de saisie et de contrôle des opérations, levant ainsi tous les lièvres possibles.

Cette nouvelle m'ôta un poids. J'ignorais la solution que les techniciens apporteraient au problème, mais après ce que venaient de me dire mes responsables, j'étais sûr qu'ils sauraient trouver la plus adéquate. C'est donc d'un cœur allégé que je descendis rejoindre quelques collègues au bar Le Renaissance, juste en bas de la tour.

L'atmosphère était détendue, on en avait fini avec le travail de la semaine, le week-end se profilait. Nous échangeâmes les habituelles anecdotes sur la journée et les projets pour les heures à venir. Certains des présents avaient assisté aux allers et retours des managers durant toute la journée et me répétèrent que je ne devais pas m'inquiéter. Et puis j'étais content de leur annoncer que mon amie et moi partions dès le lendemain matin passer le week-end à Deauville pour fêter mon anniversaire. Nous avons trinqué à cette bonne nouvelle.

C'est à ce moment-là que mon portable a sonné. Martial Rouyère m'informait que Jean-Pierre Mustier en personne exigeait qu'on appelle le courtier de la contrepartie pour s'assurer de la véracité de mon écriture – le fameux cabinet de courtage Baader. Je blêmis. En une seconde, j'eus le sentiment pénible d'être reparti à la case départ, et que tout ce qu'on m'avait garanti deux heures plus tôt était ruiné par cette nouvelle demande. Jean-Pierre Mustier n'était autre que le grand patron de la banque de financement et d'investissement, le chef de tous les traders, le bras droit du président Daniel Bouton. Je n'avais jamais eu le moindre contact avec lui. Mais le fait qu'il prenne personnellement l'affaire en mains signifiait que celle-ci était montée jusqu'à la stratosphère et que les patrons de la banque en avaient désormais connaissance. « Est-ce que tu as le contact avec Baader ? » me demanda Martial. Je lui répondis, voix blanche : « Bien sûr que non. Et tu le sais très bien. » La gêne de Martial était aussi palpable que la mienne. Un silence, puis : « On va essayer de se démerder, ne t'inquiète pas. Bon week-end. »

Je raccrochai sans un mot. Pourquoi mes responsables directs avaient-ils laissé l'affaire grimper jusqu'en haut de la tour, à l'étage des grands pontes ? Quels nouveaux événements leur avaient fait perdre leurs moyens, et dans un délai aussi court ? Autant de questions sans réponses. De précieuses heures s'étaient écoulées dans la recherche vaine d'étouffer l'affaire jusqu'à ce qu'un grand chef, sans doute Jean-Pierre Mustier, juge que celle-ci était devenue trop grosse. Même si je voulais encore me convaincre que mes supérieurs directs me couvriraient, tout cela commençait à sentir mauvais. L'air de Deauville ne serait pas de trop pour me purifier de cette atmosphère.

Pour autant, mes ennuis ne se limitaient pas au milliard et demi de fin 2007. Toute la journée j'avais pu suivre sur mon écran la forte baisse du marché. Les effets de la crise des subprimes commençaient à se communiquer aux organismes financiers européens. Cette chute n'arrangeait pas mes positions, déjà mauvaises. Ce vendredi soir, la situation devenait même critique. Non seulement mes pertes avaient effacé mes gains antérieurs, mais elles avaient creusé un déficit dont apparemment personne ne se souciait. Ajoutée au matraquage de questions dont j'avais été l'objet depuis deux jours et à l'inquiétude qui montait autour de moi, la chute boursière m'affectait durement – les marchés avaient perdu 6 à 7 % en quinze jours, autant dire qu'un mini-krach avait bel et bien eu lieu. Je n'avais donc guère de motif de réjouissance en perspective, sauf ce week-end en amoureux prévu de longue date pour fêter mon anniversaire. J'avais eu 31 ans le 11 janvier.

À ce moment, j'ignorais une série d'événements décisifs qui, au cours de ce même vendredi, avait contribué à accroître le malaise des dirigeants de la Société Générale – et donc à noircir encore un peu plus mon dossier. Face à la tempête boursière qui s'annonçait et aux lourdes incertitudes qui planaient sur le niveau d'engagement des banques françaises, Christian Noyer, le gouverneur de la Banque de France, avait exigé que le bilan de toutes les banques soit déposé sur son bureau dès le lundi matin. Un vent de panique s'était alors emparé des milieux bancaires, et le marché avait poursuivi à la baisse. Les professionnels appréhendaient en effet des révélations dramatiques dans les comptes des confrères. Notamment, une rumeur courait depuis plusieurs jours selon laquelle la Société Générale aurait perdu plus de 5 milliards d'euros sur les produits dérivés de crédit. J'ai également appris par la suite que, deux jours plus tard, en plein secret du dimanche donc, le conseil d'administration de la banque s'était réuni en urgence pour examiner la demande de Christian Noyer et valider les pièces qui devaient être remises le lendemain à la Banque de France.

Mon milliard et demi et les écritures de dissimulation qui l'accompagnaient se trouvèrent ainsi pris au cœur d'une tornade qui ne faisait que se lever. Si j'avais eu connaissance de tels événements, le souci de Jean-Pierre Mustier serait devenu plus clair : le directeur voulait à tout prix s'assurer de l'existence de cette somme à cause des pertes enregistrées sur les subprimes ; redoutait-il l'amalgame que pourrait faire la Banque de France, ou bien avait-il l'idée de compenser une partie des pertes par le gain d'un milliard et demi que j'avais généré ?

Je ne pus profiter de Deauville en hiver. La température avait beau être douce pour la saison, c'est une série de douches glacées qui s'est abattue sur moi tout au long de la journée. Elle a commencé dès le matin. À peine arrivé dans un petit hôtel à l'écart de Deauville, je reçus vers 11 heures un coup de téléphone de Martial Rouyère. Il me demandait de lui indiquer les mots de passe de mon PC, car Jean-Pierre Mustier voulait confirmer les informations concernant la contrepartie. Surpris par une telle demande et à nouveau très inquiet de ce qui se tramait à Paris, je fournis mes codes.

Une heure après, nouvel appel de Martial. Je ne pus lui répondre car le réseau était très mauvais et lui lançai : « Je te rappelle, je rentre à l'hôtel, donne-moi un numéro où te joindre. » De retour à l'hôtel quelques minutes plus tard, j'appelai Martial qui m'indiqua qu'il me mettait en *conference call* avec des supérieurs auxquels je n'avais jamais parlé. Pour la énième fois, il fut question de la contrepartie. Je ne savais pas à qui j'avais affaire, j'avançai en aveugle et sentis mes interlocuteurs très dubitatifs : comment un petit trader comme moi pouvait-il souscrire une dette de 1 milliard et demi, et avec qui ? Mais une autre question devait les obséder : les responsables de niveau intermédiaire avaient-ils pu couvrir une opération aussi énorme et si oui, comment ? Je continuais à avancer sur le fil. Mes aveux éventuels allaient précipiter tout le monde dans le même gouffre où je risquais moi-même de sombrer. On nageait en plein paradoxe : ou bien je disais la vérité, et j'avais donc contracté une dette d'un montant inouï auprès d'un organisme que personne ne parvenait à identifier depuis deux mois, ou bien je dissimulais, et j'avais réalisé un gain considérable !

Deux facteurs amplifiaient encore mon trouble. Compte tenu des pertes que je subissais sur le marché, et qu'à cette heure certains hauts responsables semblaient ignorer, je subodorais qu'il était désormais trop tard pour réintégrer en écriture mes gains antérieurs. Un responsable me l'avait d'ailleurs laissé entendre à mi-mots : gagner 1 milliard et demi pour le reperdre vingt jours plus tard… en dehors du milieu de la finance, qui comprendrait pareil jeu de yo-yo ? Et puis, ce qui m'intimidait, c'était d'avoir à répondre à des gens très élevés dans la hiérarchie, dont certains passaient pour être des « killers », et que je ne connaissais pas. Leurs réactions, en cas de pépin, pouvaient devenir violentes. Plus l'affaire grossissait, plus elle m'échappait, en actes comme en mots. Le tutoiement, les sourires et le climat de complicité amicale qui règnent dans les salles de marchés n'y changeaient rien ; les hauts responsables et les traders de base n'évoluent pas dans le même monde. Si j'avais pu en douter, la sécheresse de la formule qui vint clore ce deuxième entretien m'aurait éclairé : « Merci pour tes explications. On se rappelle bientôt », me lança Martial Rouyère.

Je n'ai pas eu à attendre longtemps. Nous nous apprêtions à partir déjeuner lorsque mon portable sonna à nouveau. C'était encore Martial Rouyère. Ma batterie étant quasiment à plat, je ne pourrais suivre le second échange avec les responsables qu'il m'annonçait. Je lui proposai donc de rentrer à l'hôtel d'où je le rappellerais aussitôt. Mais à peine avais-je raccroché que ma sonnerie retentit une nouvelle fois. Cette fois-ci, c'était le patron de la salle de marchés en personne qui était au bout du fil. L'échange n'eut pas le temps de mettre ma batterie à plat ; il ne dura que deux phrases. L'opération de contrepartie n'était pas confirmée ; j'avais donc menti. « Oui, pour dissimuler le gain », eus-je à peine le temps de préciser, avant de m'entendre intimer l'ordre de rejoindre immédiatement Paris. « Nous sommes en conférence avec tous les managers de la salle, tu viens le plus vite possible. » Je rentrai à l'hôtel récupérer mes affaires pour prendre le premier train à destination de Paris. Mon week-end de détente était en train de virer au cauchemar.

Dans le train du retour, je passai en revue toutes les hypothèses, et la peur commença à m'envahir. À l'évidence, les patrons de la Société Générale ne parvenaient pas à croire que j'avais dissimulé un gain et ils continuaient à chercher où était la perte en face. L'opération promettait d'être délicate et n'était pas exempte de risques de sanction, car les dépassements énormes dont j'avais pris l'habitude surgiraient en pleine lumière. Mais de façon étrange, je n'allai pas jusqu'à me poser la question de mon licenciement. Peu à peu, à force d'analyser les faits avec toute l'objectivité dont j'étais capable, je retrouvai même un minimum de confiance. Il serait toujours temps de voir comment se dérouleraient les futures conversations. Un autre élément contribuait à me rassurer : les nombreuses informations que mes supérieurs recevaient depuis des mois les avaient alertés de la présence d'opérations fictives sur mes portefeuilles de trading. Pour n'importe quelle personne familière des activités de marchés, la finalité de telles opérations était limpide, et l'importance des engagements ne faisait pas mystère. En définitive, tout ce que j'avais fait avait été rendu possible grâce à une forme de complicité par laisser-faire.

Nous arrivâmes à la gare Saint-Lazare en fin d'après-midi. La nuit commençait à tomber. Je passai un coup de téléphone à mon frère pour lui demander de prendre soin de mon amie, dont l'inquiétude n'avait cessé de grandir depuis notre départ pour ce week-end complètement raté. Je m'en voulais énormément de gâcher ce temps à deux qu'elle avait préparé dans la plus grande discrétion pour me faire une surprise. Mais elle préférait rentrer chez elle et m'attendre. Nous nous sommes donc quittés, tous deux assez tendus malgré les apaisements que je lui prodiguais et la décontraction que j'affectais. La vérité est que je n'en menais pas large.

Il était aux environs de 18 heures quand je pénétrai dans la tour de la Société Générale. Entre-temps, Martial Rouyère m'avait à nouveau appelé, comme s'il voulait s'assurer que j'étais bien sur la route. Il vint d'ailleurs me chercher en bas de la tour, accompagné du patron de la salle de marchés en personne, Luc François. Un tel comité d'accueil donnait la mesure de ce qui m'attendait. Le temps des conversations feutrées derrière mon dos était fini. On allait clairement vers des explications en face à face, et sans doute à l'affrontement.

Aussitôt rentré dans la salle de marchés, j'aperçus une dizaine de personnes regroupées dans la pénombre, au fond, sans parvenir à distinguer de qui il s'agissait ; sans doute des responsables de la banque dont j'ignorais identité et fonction. On me fit aussitôt entrer dans une petite salle de réunion vitrée qui se trouve au milieu du vaste open space. Et un long interrogatoire commença. Pierre-Yves Morlat, le patron du pôle Arbitrage, Martial Rouyère et Luc François se relayaient pour me harceler de questions sur les opérations que j'avais menées, mes techniques de dissimulation des résultats, l'identité de mes contreparties, etc. J'avais l'impression de plonger au cœur d'une intrigue policière, tant les techniques employées par mes interlocuteurs ressemblaient à celles du Quai des Orfèvres telles qu'on peut les vivre dans les films. Soufflant tour à tour le chaud et le froid, la complicité et la fermeté, la gentillesse et la menace, répétant les mêmes questions sous une autre forme pour voir si j'allais me contredire dans mes réponses, ils menèrent le bal avec professionnalisme. Ce que j'ignorais alors, et que j'apprendrai lors de mon audition à la Brigade financière, c'est que notre conversation était non seulement suivie mot à mot par le groupe massé dans le fond de la salle, qui l'écoutait sur oreillettes, mais enregistrée pour garder la preuve de ce que j'avançais.

Sans me démonter, j'exposai ma stratégie. Je pris à parti Martial Rouyère, qui affirmait n'être au courant de rien. « C'est un peu fort. Tu ne me disais rien, mais tu savais tout ce que je faisais ! » Sur ce, il sortit, sans un mot, et je me retrouvai seul face à Luc François. Il poursuivit le même interrogatoire pendant des heures, parfois relayé par d'autres personnes, dont Jean-Pierre Mustier, notre patron, l'exemple type du cadre dirigeant de la haute finance, âgé de 48 ans, brillante carrière, ou son directeur de cabinet, Slawo-mir Krupa. Je ne cessai de leur répéter que j'avais en effet débouclé 1 milliard et demi d'euros au bénéfice de la banque en décembre, que cette somme lui appartenait donc bel et bien. Elle apparaissait d'ailleurs dans sa trésorerie. Mais face à ces affirmations réitérées, mes interlocuteurs persistaient à croire qu'il existait une perte ailleurs, et ils voulaient à tout prix la découvrir. Les échanges devinrent de plus en plus vifs. À un moment, Jean-Pierre Mustier, qui avait adopté le ton de l'interrogatoire de type garde à vue en faisant alterner menaces et confidences, m'avoua qu'il avait lui-même « fait une grosse connerie sur les subprimes » ; je n'aurais donc pas à rougir d'une erreur commise, cela arrivait à tout le monde. Ma réponse ne varia pas, même si mon propre ton montait : « Non, je n'ai rien fait, sauf vous faire gagner 1 milliard et demi, merde ! »

L'interrogatoire prenait un tour de plus en plus dur. Je me sentais épuisé. Je ne comprenais rien à ce qui se passait et ne me privais pas de le dire. « Mais qu'est-ce que vous cherchez ? Tout est sur la table, et depuis des heures. Alors ? » Une idée commençait à cheminer en moi : s'ils voulaient me licencier, qu'ils le fassent, mais qu'on en finisse avec cette comédie. Je n'en pouvais plus. Je demandai à aller aux toilettes. Jean-Pierre Mustier, soudain très paternel, m'accompagna. J'eus alors la surprise de l'entendre me demander « de ne pas faire de connerie » car, ajouta-t-il en une confidence mémorable, « j'ai besoin de toi pour avancer dans cette enquête ». Je le rassurais ; loin de moi l'idée de « faire une connerie ». Comme pour mieux m'aider à tenir ma promesse, je vis alors surgir une dame qui se présenta comme médecin du travail. Elle me demanda comment je me sentais ; très bien, merci pour sa sollicitude. Sans doute craignaient-ils en haut lieu que je ne commette l'irréparable – quelques mois plus tôt un collègue d'un autre service s'était donné la mort dans des circonstances similaires. Je n'en avais pourtant pas l'intention, même si j'étais de plus en plus convaincu que je risquais le licenciement immédiat. Mais j'en avais assez de leur manège. Toutes ces questions répétées, ces accusations sans preuve, cette sollicitude soudaine… Nous regagnâmes tous deux la salle de réunion. Et les questions reprirent.

C'est plus tard, alors que la soirée était déjà très avancée, que j'ai compris la principale raison d'un tel acharnement. Jean-Pierre Mustier lui-même me mit dans la confidence. Il m'annonça qu'il devait, dès le lendemain lundi, annoncer une grosse perte de la banque sur les subprimes, ce qui aurait un effet désastreux sur le marché financier en général et le cours de la Société Générale en particulier. Il m'indiqua à ce sujet qu'un conseil d'administration devait se tenir le dimanche dans l'après-midi. « Alors tu comprends que, dans ces conditions, ton éventuel gain de 1 milliard et demi prend une sacrée saveur… » Il revint encore à la charge : où avais-je dissimulé ma perte ? Je m'acharnai à lui répéter qu'il n'y avait pas de perte, et que ce qui avait été dissimulé, c'était le gain lui-même. D'ailleurs il suffisait de contrôler sur mon compte les appels de marge réellement payés et reçus sur le marché ; il apparaîtrait tout de suite que cet argent existait bel et bien. Ces appels de marge offrent, en effet, une traçabilité idéale. Sur un marché à terme, le compte de marge des banques est en effet quotidiennement crédité ou débité des gains et pertes latents. Ce compte est nominatif, de sorte que son examen permet de remonter jusqu'au compte affecté à chaque trader.

Il semble que ma suggestion ait enfin ouvert des pistes à mes interlocuteurs. Vérifications faites, ils durent reconnaître qu'il n'y avait pas de perte, ce que je m'échinais à leur répéter depuis vingt-quatre heures. Mais la conséquence, c'est que les responsables recomposèrent mes opérations sur toute l'année, découvrant alors l'énormité des positions que j'avais prises ; sans toutefois m'en faire plus remarque ou reproche que mes supérieurs directs eux-mêmes ne l'avaient fait au fil des mois.

L'ambiance se détendit d'un coup. Tout semblait désormais clair, les doutes avaient disparu, on ne me harcelait plus de questions. Épisode surréaliste : surgit un homme aux anges, Luc François, le patron de la salle de marchés, celui qui pendant des heures avait douté de mes déclarations. « C'est l'histoire la plus extraordinaire que j'ai jamais entendue, s'exclama-t-il ; planquer un gain de 1 milliard et demi… Du jamais vu ! » Pour un peu, il aurait débouché le champagne. L'épisode fut suivi d'une séquence tout aussi irréelle : mes supérieurs se mirent à me questionner sur mes stratégies de trading, allant même jusqu'à me demander de leur montrer le lundi suivant comment je pratiquais. Je leur donnai mon accord avec un mélange de satisfaction et de stupeur. Le grand coupable devenait d'un coup chargé de la formation des responsables de salles de marchés… Tout le monde semblait soulagé. Le comble : quelqu'un, je ne me rappelle plus qui, parla même de monter à mon intention un fonds à l'intérieur du département, ce qui permettrait de créer une structure pour développer ma stratégie ! Le type harcelé de questions pendant des heures devenait le héros de la soirée…

Mais j'étais loin de toutes ces réjouissances ; je ne sentais même plus le poids de la fatigue et n'avais qu'une hâte : aller dormir. Au moment de partir, Jean-Pierre Mustier en rabattit tout de même sur l'euphorie ambiante. Il m'indiqua que ce serait délicat de me garder en salle, mais, sur un ton paternaliste, tint à préciser : « Si tu as gagné 1,4 milliard, ce sera difficile que tu continues de travailler à la Société Générale, mais tu pourras aller bosser dans un fonds et gagner du blé. Si tu as vraiment gagné 1,4 milliard, c'est que tu es vachement bon, que tu es un très bon trader. Il y en a de temps en temps. Il faut que tu te mettes ça en tête et que ce que tu as fait, c'est pas grave, c'est emmerdant, mais c'est pas grave. Il faut que tu sois tranquille avec toi-même. » Puis il enchaîna sur la question que j'aurais voulu ne pas entendre : « Dis-moi, en 2008, tu n'as pas repris de positions trop fortes ? » Ma réponse allusive : « Si, un peu », parut le dégriser d'un coup. La seconde question tomba comme un couperet : « Tu peux revenir demain ? » Je ne pris pas la peine de répondre. Le répit avait été de courte durée. À nouveau, les mâchoires de la banque se refermaient sur moi.

Je signai la décharge de responsabilité qu'exigeait la femme médecin et quittai la tour, épuisé, vers 3 heures du matin, pour rejoindre mon amie. Je soupçonnais que ce qui m'attendait quelques heures plus tard ne serait pas facile. Je repassais le film de ces dernières heures dans ma tête. Tous les reportings d'opérations étaient bel et bien visibles dans la base tampon… Comment pouvait-on prétendre ignorer ce qui se passait sur mon compte ? Décidément, je n'en avais pas fini avec les mystères de ce que savaient mais de ce que voulaient ignorer mes supérieurs.

Lorsque je retrouvais la salle de marchés vers dix heures, le dimanche, il n'y régnait plus l'ambiance quasi euphorique que j'y avais connue quelques heures plus tôt. Dès les premiers instants je saisis que mon heure de gloire de la nuit dernière avait été brève. J'avais beau me bercer d'illusions ce matin dans le métro qui me conduisait à La Défense, me répéter que mes supérieurs focalisaient sur l'année 2007 et ne s'occupaient pas de 2008, j'avais du mal à m'en convaincre. Sans me le formuler clairement, tandis que je m'acheminais vers le siège de la Société Générale, je craignais d'essuyer une douche froide. Je ne me trompais pas. Après mon départ, cette nuit, les responsables n'avaient pas dû mettre longtemps à découvrir que mes gains de 2007 étaient d'ores et déjà effacés par mes pertes latentes de 2008, et que le milliard et demi qui les mettait tant en joie s'était envolé. « Tu as perdu tout ce que tu avais gagné, mon gars… », me lança aussitôt Christophe Mianné, un des patrons de la salle des marchés, sur un ton d'amitié complice dont ce milieu raffole jusque dans les pires moments. Et me voilà reparti, durant près de deux heures, dans de nouvelles explications qui portaient cette fois sur mes positions actuelles, la stratégie que j'avais adoptée, mes espoirs que le marché se retournerait dans les jours ou les semaines à venir. Mais je sentais que la cause était entendue.

J'avais encore plus explosé les plafonds que l'an passé. Dès lors tout était clair. Puisqu'il était tacitement convenu que mes responsables directs ne sauraient être soupçonnés de m'avoir couvert dans la mesure où ils ignoraient tout de mes opérations, les patrons de la Société Générale ne pouvaient que me sacrifier sur l'autel de la pureté bancaire. Luc François me signifia mon sort avec netteté : « Tu ne reviens pas lundi, tu ne rentres en contact avec aucun de tes collègues, mais tu restes joignable. » Les patrons quittèrent alors la salle, en silence. Martial Rouyère rentra dans la salle et me demanda, dépité : « Qu'est-ce que tu vas faire maintenant ? » Je lui répondis que je n'en savais rien, que j'avais le cerveau vide, que je ne comprenais pas ce qui se passait. Il hocha la tête en silence. Pour lui non plus, l'heure n'était pas à la victoire. Sa ligne de défense – « Je ne savais pas, je n'étais pas au courant, donc je n'ai rien couvert » – ne pouvait le mettre à l'abri. Il me lâcha, sur un ton éteint : « Moi non plus, je ne sais pas. » Il se doutait déjà que son temps était compté.

Car lui comme les autres responsables se retrouvaient au cœur d'une contradiction dont ils allaient avoir bien du mal à sortir. Comment faire bonne figure dès lors qu'il faut choisir entre l'aveu d'incompétence et celui de complicité ? Une seule issue au problème, que connaissent toutes les institutions humaines, depuis les plus mafieuses jusqu'aux plus respectables : procéder au grand ménage pour effacer toute trace d'un passé dérangeant. Quelques mois plus tard, Martial et mes autres supérieurs paieraient leur silence d'un licenciement. Les trois traders de mon équipe seraient eux aussi remerciés. Quant aux responsables directs, ils disparaîtraient de l'organigramme, renvoyés ou déplacés en douceur, avec le moins de bruit possible. Luc François, le patron de la salle de marchés, a démissionné, celui du service de l'arbitrage aussi ; sans doute sont-ils partis avant d'être poussés à la porte. Mais tous ont retrouvé des postes importants. À défaut de pouvoir revendiquer haut et fort l'efficacité de ses contrôles internes, la Société Générale a donc su élaguer les branches malades avec discrétion, efficacité mais surtout avec une générosité qui me stupéfia. Tout en étant licenciés pour faute professionnelle, les uns et les autres ont empoché des sommes plus que rondelettes...

Le temps était désormais bien loin où le président Daniel Bouton, lors d'un *chat* internet avec les salariés du groupe, en février 2006, pouvait affirmer sur un ton sans appel : « L'Inspection Générale est la colonne vertébrale de la rigueur, de l'organisation et des valeurs. Si elle n'existait pas, j'essaierais de la créer. » Espérons que, pour l'efficacité des services bancaires autant que pour le respect de la morale, il s'est depuis lors employé à une si noble tâche.

CHAPITRE 3

David contre Goliath

J E QUITTAI la tour sans un mot, pressé d'aller rejoindre mon amie que je savais dans les affres de l'inquiétude. Aujourd'hui, lorsque je tente de retrouver mon état d'esprit lors des heures qui ont suivi ces moments décisifs, mes souvenirs ne laissent pas de me surprendre. Bizarrement, ce dimanche midi, je ne me faisais pas trop de souci sur mon sort. J'étais devenu *persona non grata* à la Société Générale, mais je conservais en moi les mêmes certitudes. Au total, il ne pouvait rien m'arriver de très grave. J'avais sans conteste commis des erreurs, outrepassé les encours habituels, saisi de fausses informations dans un système pour masquer aussi bien des gains que des pertes – en un mot : j'avais joué avec le feu, poussé le système au bout du bout jusqu'à le faire imploser. Mais que se passait-il autour de moi ? La réalité tenait en une phrase : mes collègues agissaient comme moi, et la hiérarchie le savait. Les n+1, n+2 et n+3 ainsi que les employés en charge des contrôles connaissaient mes positions et les couvraient. En outre, ils ne pouvaient ignorer que j'avais en vue le seul intérêt de la banque et que je n'avais poursuivi aucun intérêt personnel. Comment, dans ces conditions, pouvais-je douter que la vérité finirait par voir le jour ? Sans doute allais-je faire les frais de l'opération, car il est bien connu que lorsque la tempête souffle les employés sont plus exposés que les chefs. Et puis après ? Qui, à la Société Générale, oserait révéler à l'opinion publique le dessous des cartes, la gigantesque tricherie dans laquelle se vautrent les salles de marchés du monde entier et qui veut que, pour obtenir de bons résultats, tous les coups sont permis ? Qui oserait à la fois se jeter dans la gueule du loup des organismes boursiers de contrôle, de Bercy, de la Banque de France, et affronter une réprobation publique universelle ? Le système marchait sur la tête, et ce n'était pas un maillon perdu dans l'ensemble d'une longue chaîne qui en était responsable. Mais la loi du milieu bancaire est simple : celui qui gagne a toujours raison et on l'entoure de mille soins, celui qui perd a toujours tort et on le lâche.

Tandis que je rentrais chez mon amie, bras ballants, tête confuse, épuisé par ces longues heures d'explications infructueuses et cette impression d'être constamment passé durant ces deux jours du chaud au froid, un souvenir me revint en mémoire. C'était quatre mois plus tôt, en septembre 2007. Un collègue m'avait confié que l'un de mes responsables était, de son propre aveu, parfaitement au courant de mes méthodes de travail ; jusqu'au jour, avait-il ajouté, où il y aurait un gros pépin, et où là, il ne serait plus au courant de quoi que ce soit. Sur le moment, je n'avais pas prêté attention à la discrète mise en garde que mon collègue avait tenu à me faire passer. Comment l'aurais-je pu ? Toutes mes opérations, alors, étaient profitables ; je me croyais invulnérable – et d'ailleurs je l'étais, puisque je faisais gagner de l'argent à la banque. Mais en ce dimanche noir ce souvenir revint me tarauder et, une fois encore, je pestai contre ma naïveté. Je parvins tout de même à me ressaisir. Les preuves écrites d'une complète connaissance des faits par mes supérieurs étaient nombreuses et parlaient d'elles-mêmes ; qui oserait prétendre ne pas avoir su ? Je me souviens notamment d'une réflexion lancée par Christophe Mianné aux autres dirigeants durant le week-end : « On va avoir du mal a expliquer qu'on a payé de tels appels de marge pendant un an. » La crainte de ce haut cadre de la banque était justifiée. Même si mes juges d'instruction devaient plus tard balayer ce point d'un revers de la main, les chiffres sont là : la Société Générale avait décaissé et encaissé près de 30 milliards d'euros, uniquement en appels de marge, en l'espace d'un an sur le seul compte SF581 attribué à… Jérôme Kerviel. Telle est la raison pour laquelle, pendant longtemps, lors de mon instruction, j'ai refusé de mettre d'autres personnes en difficulté. Les éléments écrits parlaient d'eux-mêmes. On verra que ce ne fut pas ainsi que les choses se déroulèrent. Non seulement la Société Générale varia de nombreuses fois dans sa version des faits, ce qui aurait dû pour le moins intriguer les juges d'instruction, mais ces derniers ne prirent en compte aucune des pièces qui prouvaient le bien-fondé de mes dires.

En ce sinistre dimanche, mon principal sujet d'inquiétude ne résidait pas encore là. Je pensais aux lourdes positions que j'avais prises sur le marché, à la crise que celui-ci traversait, aux pertes latentes qui, jour après jour, ne cessaient de croître. Or, comme tout trader, j'avais le vif sentiment que mon book d'opérations m'appartenait, et je ne voulais pas que mes chefs repassent le bébé à n'importe qui. S'ajoute à cela que, confidentialité oblige, je ne pouvais voir personne, expliquer mes positions, la stratégie qui avait présidé à mes engagements, le calendrier de débouclage que j'avais en tête… Tout cela se mit à tourner, et brusquement je revins sur terre. J'avais pris des risques excessifs, mes positions étaient trop fortes, et j'avais d'autant plus succombé à la griserie des chiffres et à la passion de mon métier qu'aucun garde-fou n'était venu me freiner dans mon mouvement.

Après une conversation que j'ai voulue la plus rassurante possible avec mon amie, nous partîmes rejoindre mon frère et son épouse pour prendre un verre dans le quartier de l'Opéra. Tous trois s'inquiétaient de mon sort, sur lequel je ne laissais planer aucun doute ; sauf rebondissement imprévu, ma carrière à la Société Générale avait déjà pris fin ; c'est du moins ce qu'on m'avait signifié officieusement. Il ne me restait qu'à attendre la suite, la lettre recommandée, l'entretien formel, les modalités de mon licenciement. Peut-être allaient-ils se souvenir de leurs promesses de la veille et me trouver une place dans un service extérieur à la banque ? Je verrais bien. Un collègue m'appela, inquiet, pour prendre de mes nouvelles. Depuis jeudi dernier, les rumeurs me concernant allaient bon train. Je restai d'une totale discrétion sur les deux jours écoulés comme sur ma mise à pied. Il n'en demanda pas plus. Ce qui m'arrangea. Moins j'aurais de contact avec des gens de la Société Générale, moins j'encourrais de reproches de la part de ses dirigeants. Qui sait ? Il restait peut-être encore quelque chose à sauver. Et puis que se passerait-il si le marché remontait lundi matin et que mes positions devenaient gagnantes ? Toutes les hypothèses étaient sur la table.

Ensuite nous sommes rentrés, et ce fut le sas de décompression qui suit les moments intenses ; la fatigue, la tendance à vouloir revivre les heures écoulées, à s'interroger sur les erreurs commises, la duplicité des questions… Je finis par m'endormir, épuisé. J'avais l'impression que je n'avais pas fermé l'œil depuis des nuits.

Le lundi matin, nouveau choc. Le marché parisien ouvrit en très forte baisse et le CAC 40 chuta en cours de séance jusqu'à clôturer à − 6 %. Pour une raison inconnue, un vent de panique parti d'Asie se communiquait aux places européennes. Résultat : selon l'expression consacrée entre traders, le marché était en train de « dégueuler », de « caver », de « partir à la cave », de « yourzer ». La peur recommença à s'emparer de moi. Les positions que j'avais prises, déjà un peu perdantes, devenaient catastrophiques. Il était clair que la Société Générale risquait d'être sérieusement plantée, tandis que mon éventuel retour en grâce s'éloignait à grands pas. Une pensée m'effleura l'esprit : la banque ne serait-elle pas elle-même cause de cette chute brutale des cours, et donc de ses propres pertes ? Si elle avait commencé à déboucler en catastrophe mes positions sur le marché asiatique, elle alimentait le mouvement de chute, et les pertes risquaient de devenir énormes. Je fis rapidement les comptes. Si la Société Générale ne conservait pas mes positions, les pertes se monteraient aux environs de quatre milliards et demi – trois milliards en tenant compte du profit réalisé en 2007. Du moins était-ce l'hypothèse en cas de vente brutale. Tout le monde connaît le vieux principe : sur un marché, on ne perd que le jour où l'on réalise ; car tant qu'une position n'est pas débouclée, la perte reste latente. Mais comment imaginer un instant qu'un organisme bancaire ne cherche pas à limiter la casse en refusant de brader, afin de limiter une nouvelle chute des cours ? Car un autre principe reste intangible : sur les marchés, toute application du principe de précaution entraîne une dégradation encore plus forte ; la baisse ne fait qu'alimenter la baisse. Surtout quand il s'agit, pour éviter une lourde perte, de précipiter d'un coup sur le marché des produits pour un nominal de plusieurs dizaines de milliards d'euros, comme c'était le cas ici tandis que je tournais et retournais comme un lion en cage, entre France Info et LCI.

Par moments, je m'accrochais à un ultime espoir. Ce lundi, Wall Street était fermé. Les volumes de transactions étaient donc faibles. La Société Générale n'avait pu commettre l'énorme erreur de déboucler les positions, car vendre de gros volumes d'actions dans un petit marché revient littéralement à faire s'effondrer les cours. À moins que, la panique poussant à faire n'importe quoi... On conçoit que, cette nuit-là, j'eus du mal à fermer l'œil.

La vérité, je devais l'apprendre plus tard, pendant mon instruction. Grâce à l'aveu de la personne qui déboucla la position, je saurais que les opérations de dégagement avaient été effectuées « de façon porcine, n'importe comment ». Et lorsque je serais confronté avec le trader en charge du débouclage, des éléments me feraient en effet penser que la banque avait aggravé elle-même son trou. La Société Générale avait certes pris soin d'annoncer que la position avait été soldée par le trader star de la banque, un pro de chez pro ; ce qui était vrai. Cette personne, très expérimentée, comptait probablement parmi les meilleurs traders de la place. Le seul problème, et il l'avoua, c'est qu'il ne savait pas quelle type d'opération il était en train de faire ; il pensait même qu'il exécutait l'ordre d'un gros client. Quant à son mode opératoire, il avoua dans le cabinet des juges qu'il avait « traversé jusqu'à cinq limites dans le carnet d'ordres pendant trois jours ». Je fus stupéfait de l'entendre. Agir ainsi, c'était comme donner des coups de boutoir dans une porte déjà branlante – le meilleur moyen de faire exploser un marché déjà défiant.

Au-delà de cela, j'eus la surprise d'apprendre que la Société Générale avait menti lors de l'annonce du jeudi. En effet, le débouclage ne s'était pas fait dans la plus grande confidentialité comme le garantissaient haut et fort la Société Générale et le gouverneur de la Banque de France. Le trader star avait commencé à vendre pendant quelques heures au milieu de tous les autres traders avant d'être déplacé dans une autre salle. Pour qui connaît un peu le fonctionnement d'une salle de marchés, de telles transactions ne restent pas secrètes plus d'une minute ou deux. L'usage est de prévenir qu'on va envoyer un gros ordre qui va faire décaler le marché, histoire de ne pas « coller » les collègues.

Un dernier point me stupéfia : la durée de l'opération. Jeudi 24 janvier, le président Daniel Bouton annonça que la position était totalement débouclée. Hors ce n'était pas le cas. J'appris lors de cette confrontation que le débouclage avait duré cinq jours et non trois. C'est-à-dire qu'au moment où la banque annonçait sa perte, elle ne pouvait la chiffrer avec précision puisqu'elle était toujours en cours de débouclage.

Mardi, les marchés ouvrirent à nouveau à la baisse. Mes sueurs froides se transformèrent en véritable malaise. Je n'osais même plus calculer le montant des pertes. D'ailleurs comment l'aurais-je pu ? J'ignorais tout de ce qui se passait à la Société Générale, avaient-ils débouclé, avaient-ils attendu ? Je me perdais en conjectures. Puis les cours remontèrent légèrement dans la journée, lorsque la banque fédérale américaine annonça une baisse de ses taux directeurs. Mais la pause fut de courte durée. Je continuais à broyer du noir. Dans l'après-midi, je reçus un sms d'un trader qui appartenait au même département que moi : « Viens d'apprendre ce qui s'est passé, bon courage. » C'était le premier signe que m'envoyait un collègue ; j'en tirais la conclusion que mon sort était connu de tous. Plus tard, j'apprendrais que, dès le lundi matin, les responsables avaient annoncé que « Jérôme ne serait pas là ces jours-ci, et qu'il fallait se débrouiller pour prendre son poste ». Tout le monde avait alors compris que la situation était grave et devait respecter la consigne de silence qu'une telle phrase sous-entendait. Les services informatiques étaient prévenus ; ils avaient désactivé, sur ordre de mes supérieurs, toutes mes licences de trading.

Mercredi matin, les cours repartirent à la baisse, même si celle-ci demeurait modérée. En tout cas, le rebond escompté n'était pas pour aujourd'hui. Comme les deux jours précédents, je ne quittais des yeux l'écran de télévision que pour dévorer la presse économique tout en tournant en rond dans l'appartement et en fumant cigarette sur cigarette. Je me sentais affreusement seul, de plus en plus anxieux sur mon avenir, privé de toute information de la banque, sans contact avec aucun de ceux qui, naguère encore, formaient le réseau quotidien de ma vie sociale.

C'est alors que je reçus un énième coup de fil de la femme médecin du travail. Depuis que je ne me présentais plus à la banque, elle me téléphonait une ou deux fois par jour pour prendre de mes nouvelles et me proposer une aide que je refusais énergiquement. J'avais la désagréable impression que mes patrons se souciaient de moi dans la seule optique de se protéger d'une nouvelle catastrophe. Qu'un trader mis sur la touche fasse une tentative de suicide ne serait pas du meilleur effet sur l'opinion… Alors elle mandatait une personne qui, à intervalle régulier, téléphonait pour s'assurer que j'allais bien, s'offrait à me rencontrer pour discuter avec moi, examiner mon état de santé. Mais ce nouveau coup de fil, à huit heures du matin, trancha sur les précédents. La voix elle-même n'était plus la même ; hâtive, inquiète, stressée. « La banque va faire demain une annonce importante vous concernant, me confia cette femme, visiblement mal à l'aise. Il faut que vous partiez de Paris, vous éloigner, changer de portable pour ne plus être joignable. On peut vous payer un billet de train… » Elle s'inquiétait de l'endroit où je me trouvais, souhaitait me voir et me parler, me conseiller sur la conduite que je devais tenir. Je refusai et raccrochai assez vite. J'étais abasourdi. Que signifiaient ces ordres en rafale ? Pourquoi une annonce publique, alors que je n'avais plus aucun contact avec les gens de la Société Générale ? À nouveau mon esprit s'épuisait à extrapoler sur la situation en remuant mille hypothèses.

J'appelai aussitôt mon frère, auquel je racontai l'étrange coup de fil que je venais de recevoir. Il me conseilla de partir le plus vite possible pour Londres, où vivait son beau-frère. Sa proposition fit sur moi l'effet d'un électrochoc. Partir parce que mon employeur me le demandait, cela n'avait aucun sens. À moins que cela n'arrange bien des gens de me déclarer en fuite. D'un seul coup, l'évidence du raisonnement me frappa. J'ignorais encore ce que la Société Générale s'apprêtait à annoncer, mais je commençais à voir clair dans leur jeu. Ma mort les embarrasserait, mais ma disparition viendrait sans doute étayer leur thèse. Un responsable qui s'enfuit, c'est déjà un coupable ; ses actes le condamnent plus sûrement que la meilleure accusation. Je me ressaisis. J'expliquai à mon frère que je ne partirais ni à Londres ni ailleurs. C'est ce que voulait la Société Générale, donc précisément ce qu'il ne fallait pas faire. L'urgence n'était pas de fuir, mais de faire face en mobilisant toutes les forces possibles.

Il me fallait un avocat.

Je demandai à mon frère son hospitalité pour la fin de la journée et la nuit. Échanger avec lui, sortir de cette solitude dans laquelle j'avais passé les quarante-huit dernières heures devenait impératif. Dans le même mouvement, je téléphonai à ma mère pour lui demander de venir dès le lendemain jeudi nous rejoindre à Paris. Je n'imaginai pas un instant qu'elle puisse découvrir la gravité d'une situation dont elle ignorait tout grâce à un simple bulletin d'information. J'en ignorais moi-même la teneur, et encore plus la violence.

Mon frère me conseilla alors de prendre contact avec une avocate qu'il connaissait, maître Élisabeth Meyer, une spécialiste du droit des salariés et des licenciements. Je tentai de la joindre au téléphone, mais en vain. Son assistante me proposa de lui adresser un mail pour lui exposer mon problème. Je le rédigeai aussitôt. En début de soirée, maître Meyer me téléphona. Son analyse se fit à la fois nette et apaisante. D'après les éléments que je venais de lui fournir, il était évident que j'allais être licencié. Elle me proposa donc de reprendre contact avec elle dès que j'aurais reçu ma lettre de licenciement afin d'organiser la riposte et de saisir les prud'hommes. Je la remerciai et raccrochai avec des sentiments mêlés. Après le coup de fil reçu dans l'après-midi du médecin du travail, dramatique et mystérieux, voici que l'affaire paraissait devoir se limiter à un banal licenciement. Qui croire ?

Vers 20 heures, mon frère et sa femme me proposèrent de sortir dîner avec mon amie, histoire de me changer les idées. Nous partîmes dans un restaurant proche de son domicile. Ce fut un moment étrange où, attablé, je regardais les gens autour de moi, perdu dans mes pensées, n'entendant plus le brouhaha du lieu bondé. Je me souviens de m'être dit à ce moment que je vivais peut-être mon dernier dîner tranquille avant longtemps et que je devais en profiter. Mais inlassablement j'essayais d'imaginer ce que pourrait être cette mystérieuse annonce du lendemain. Jusqu'alors, l'essentiel de mon inquiétude s'attachait à l'évolution des marchés. S'y ajoutait désormais celle qui concernait mon sort et la teneur de l'annonce prochaine ; le stress monta en flèche et, une fois encore, je ne parvins pas à fermer l'œil de la nuit.

Le lendemain, vers 9 heures, la sonnerie du téléphone portable me signala l'arrivée d'une information importante. J'eus d'abord du mal à saisir le sens des mots qui s'alignaient sur l'écran, tant la nouvelle était explosive. Un sms du service *News* de SFR annonçait la découverte d'une fraude monumentale à la Société Générale, dont le montant, jamais vu, atteignait 4,9 milliards d'euros. Le fameux communiqué de la banque venait donc de tomber. La Société Générale m'y qualifiait de plus grand fraudeur financier de tous les temps ; j'avais mené un jeu personnel et fait perdre à mon employeur une somme colossale. Face à mon écran, je restai frappé de stupeur. Un tel gouffre n'avait pu se creuser que pendant mes trois jours d'absence ; car à aucun moment je n'avais fait le clic de souris qui aurait généré de semblables pertes.

Globalement, le 18 janvier, à la veille de mon week-end raté à Deauville, et en prenant en compte les gains de 2007, je me trouvais presque à l'équilibre sur mes positions. Et le dimanche, les gens de la Société Générale eux-mêmes n'avaient fait état que d'une position légèrement négative, au pire, de 200 millions d'euros – somme qu'au demeurant je contestais. Mais la nouvelle qui se répandait aujourd'hui était d'une tout autre ampleur ; à en croire la banque, entre le 1er et le 24 janvier, elle aurait perdu jusqu'à 6,3 milliards... D'où ce solde : 6,3 milliards moins 1,5 milliard de gains antérieurs : différence, 4,9 milliards. Dans l'ambiance de crise où l'on commençait à plonger, une telle somme ne manquerait pas de sidérer l'opinion publique. Une question me vint aussitôt à l'esprit. Malgré l'effondrement des cours, comment la banque avait-elle pu perdre autant d'argent ? Les calculs auxquels je m'étais livré depuis trois jours n'atteignaient pas une telle somme, à moins de cumuler toutes les baisses ensemble, c'est-à-dire d'imaginer un débouclage brutal et entier, ce qui revenait, je l'ai dit, à alimenter encore plus la panique boursière. En outre la Société Générale n'avait même pas tenté de vendre ces positions avec un fonds, comme tout organisme bancaire le pratique quand la situation s'échauffe trop vite. En un mot : je ne comprenais pas comment des spécialistes aguerris de la finance avaient pu se débrouiller aussi mal dans un délai aussi court. Mais le résultat était là : près de cinq milliards d'euros de perte ; un véritable cauchemar. J'avais passé trois jours à échafauder toutes les hypothèses possibles, et c'était la pire qui se réalisait.

Je n'ai pas eu le temps de me perdre en spéculations. J'ouvris la télé pour en savoir plus. Non seulement le scoop du jour passait en boucle sur les chaînes d'information permanente, mais ma photo circulait partout. C'était celle de mon badge, une photo déjà un peu ancienne, qui, par chance, ne me ressemblait plus trop. Je me connectai immédiatement sur Internet pour lire la presse. Un article du *Figaro* prétendait démonter tout le mécanisme financier. Je le lus avec une incrédulité mêlée de colère. Rien de ce qui était écrit ne correspondait à la réalité. Toutefois, au milieu de ce flot continu de nouvelles, un point ne manqua pas d'attirer mon attention. À côté du chiffre de la « fraude » que la banque m'imputait, elle annonçait celui de sa perte sur les subprimes ; celle-ci se montait à plus de 2 milliards. Or, deux mois plus tôt, les dirigeants de la Société Générale n'avaient pas craint d'annoncer qu'ils étaient faiblement exposés à ces fameux crédits hypothécaires et que la perte de la banque se situerait aux alentours de 200 millions d'euros dans le pire des scénarios. En fait, le chiffre final était dix fois supérieur… Effet d'aubaine : le fait passa à peu près inaperçu tant l'attention se focalisait sur mon affaire. J'avais le sentiment de servir de fusible.

Face à un tel déferlement, la panique s'empara de moi. Je rappelai maître Élisabeth Meyer, elle aussi sidérée de la tempête médiatique qui était en train de se lever. Elle m'avoua même que, sur le moment, elle n'avait pas fait le lien entre la situation que je lui avais exposée et les informations de ce matin. Malheureusement, le trader fraudeur, c'était bien moi ! Elle me demanda de la rejoindre tout de suite à son cabinet, avenue Foch. Ce que je fis sans plus attendre.

Je tentai de lui expliquer l'affaire. Cela ne se fit pas sans mal parce que les techniques financières la dépassaient complètement et que, de mon côté, je ne parvenais pas à m'abstraire des informations délirantes qui commençaient à circuler. Car au fil des heures, la tempête se transformait en ouragan. Les annonces les plus folles se succédaient. J'étais en fuite, suicidé peut-être, et Daniel Bouton ne se contentait plus du terme de « génie de la fraude ». Il employait à mon encontre celui de « terroriste » tandis que d'autres responsables de la banque évoquaient l'hypothèse d'un enrichissement personnel rendu possible par un réseau de complicités multiples, une manipulation des systèmes informatiques due à ma formidable capacité à déjouer des contrôles internes pourtant réputés parmi les meilleurs du monde ; le fait était si bien admis que la Société Générale recevait de partout des récompenses pour la qualité de son contrôle interne et que ses dirigeants allaient même jusqu'à organiser des conférences sur le sujet pour diffuser la bonne parole.

Rapidement, maître Meyer et moi avons abandonné le cours accéléré de trading pour tenter d'éteindre l'incendie. Elle me suggéra de rappeler mon interlocutrice à l'intérieur de la banque, le médecin du travail, afin de démentir ma fuite. Mais lorsque je l'eus au bout du fil, je compris aux premiers mots qu'elle-même était gagnée par l'hystérie ambiante. « C'est de la totale folie ici, démerdez-vous tout seul. On ne fera pas de démenti », me lança-t-elle avant de raccrocher. Élisabeth Meyer décida alors de convoquer les journalistes à son cabinet pour leur exposer la situation et mettre en place une riposte face aux attaques de la Société Générale. Bientôt le cabinet se remplit de journalistes, de micros et de caméras. D'un bureau mitoyen j'entendis mon avocate démentir catégoriquement toute rumeur de fuite ; je n'avais jamais quitté Paris, je me trouvais à une adresse qui ne serait pas révélée, les affirmations de la banque étaient mensongères et calomniatrices, et elle, Élisabeth Meyer, avait la charge d'organiser ma défense. Après cette mise au point et le jeu habituel des questions et des réponses, les journalistes quittèrent le cabinet. Beaucoup d'entre eux stationnèrent sur le trottoir dans l'attente d'un événement – par exemple ma sortie, ce qui était bien vu. Maître Meyer et moi convînmes de nous revoir le lendemain et je parvins à quitter l'immeuble par une porte de service. Pour rejoindre mon frère et un ami qui m'attendaient en voiture dans une rue adjacente, il me fallut passer à proximité des journalistes, dure épreuve. Mais je fus rassuré de voir que ma ressemblance avec la photo était faible, et je contournai l'attroupement sans être reconnu. Direction la gare Montparnasse, où le train de ma mère n'allait pas tarder à arriver.

Je nous revois, alors que la voiture descendait les Champs-Élysées, rivés à la radio, et découvrant minute après minute les déclarations des uns et des autres. La plupart d'entre elles étaient délirantes. Christian Noyer, le gouverneur de la Banque de France, volait au secours de la Société Générale et poussait des cris d'orfraie, vitupérant le « gangster de la finance ». La ministre Christine Lagarde, d'habitude plus mesurée, épousait sans autre examen la cause de mon employeur. J'étais dépassé et écœuré par ce que j'entendais, l'outrance des propos, la stupidité des anecdotes – je serais un être psychologiquement fragile, déstabilisé par la mort de mon père dont je portais d'ailleurs les vêtements –, la gratuité des commentaires. On parlait de quelqu'un qui n'était pas moi. Rares îlots de bon sens perdus dans cet océan de bêtise, quelques professionnels de l'économie, journalistes, spécialistes financiers, Élie Cohen entre autres, firent état de leur scepticisme. Comment, au sein d'un organisme aussi puissant, structuré et contrôlé que la Société Générale, un homme seul aurait-il pu agir en dehors de toute règle pendant plus d'un an ?

Ces rares analyses menées de sang froid m'apaisaient pour quelques instants ; mais elles ne résistaient pas face au rouleau compresseur des attaques calomnieuses et des mensonges dont les médias m'accablaient. Une semaine plus tard, un article paru dans un journal peu suspect d'esprit polémique, *Les Échos*, finirait d'apporter de l'eau à mon moulin. Il n'était pas signé de n'importe qui : Maxime Legrand, ancien inspecteur à la Société Générale, savait de quoi il parlait. Sous un titre éloquent, *Société Générale : la grande hypocrisie du contrôle interne*, l'auteur démontait un système qu'il connaissait par cœur, celui des différents niveaux de contrôles internes, middle-office, back-office, superviseurs, avant d'affirmer qu'« au moins une centaine de personnes ont eu inévitablement à observer, pointer, valider les opérations de ce trader ». Maxime Legrand se posait donc la question : complicité ou incompétence des services bancaires – cette seconde hypothèse étant qualifiée de « camouflet radical pour les systèmes de contrôle interne » ? Il lui apportait une réponse à valeur de condamnation sans appel : dans une grande banque telle que la Société Générale, « jouer, faire des paris, prendre des risques, se moquer des contrôleurs considérés comme *des centres de coûts non productifs* est depuis longtemps la règle ». Au milieu de mon désarroi, la lecture de cet article, et de quelques autres, devait me fournir une confirmation qui avait son importance : malgré l'écran de fumée dont les dirigeants de la Société Générale inondaient le monde médiatique, je n'étais pas le seul à voir clair dans les règles du jeu tacites des salles de marchés.

Nous arrivâmes à la gare Montparnasse en avance. Mon frère me proposa d'aller boire un verre dans l'une des brasseries qui longent le boulevard. Soudain, au moment de sortir de la voiture, une crise de paranoïa s'empara de moi. J'avais l'impression que tout le monde me dévisageait. Je me dissimulai tant bien que mal en baissant la tête, je passai inaperçu dans le crépuscule, et nous pénétrâmes dans une brasserie. Malheur. La télévision, au-dessus du comptoir, diffusait les mêmes images de la Société Générale, de Daniel Bouton, de la photo de mon badge. Le cauchemar reprit de plus belle. Ce personnage médiatique lynché, c'était moi. La télé expliquait qu'on me recherchait activement, montrait des images de mon immeuble devant lequel des types attendaient, le cabinet de maître Meyer, et à nouveau la tour de La Défense, les mêmes interviews, mon avocat répétant que je n'étais pas en fuite mais me tenais à la disposition de la justice, les réactions des uns, des autres, toute une logorrhée sans aucun rapport avec les faits réels. J'écoutais à peine. Mon obsession : si quelqu'un me reconnaît, qu'est-ce qui se passe ? Je préférais ne pas l'imaginer. Surtout je pensais à ma mère. Elle ne devait rien comprendre à ce déchaînement ; comment allait-elle réagir ? Ce matin, lorsque nous nous étions parlé au téléphone et que je lui avais conseillé de ne pas trop écouter radios et télés, ses premiers mots m'avaient apaisé : « Je connais mon fils, je sais que tu n'as pas pu faire ces choses qu'ils racontent », m'avait-elle dit avec calme. Ma mère avait alors 68 ans, sa vie ne s'était pas écoulée dans l'opulence ni la facilité, elle était maintenant veuve, et était fière de ses deux fils, de leurs études, de leur réussite. Les valeurs qu'elle nous avait inculquées étaient solides, autant que l'amour qui nous reliait les uns aux autres. Qu'elle ne se laisse pas convaincre par les mensonges assénés par les médias me mettait du baume au cœur.

Le soir, nous avons dîné tous ensemble chez mon frère ; comme un mois plus tôt, jour pour jour, où nous étions réunis en Bretagne pour le réveillon. Un mois, et tout avait changé. Ma vie professionnelle s'était effondrée au point que je ne savais plus de quoi demain serait fait et quelle catastrophe allait en surgir. À la télévision, les mêmes infos repassaient en boucle. Et puis d'autres tombèrent. La banque annonça qu'elle déposait plainte contre moi. Je tentai de faire bonne figure mais accusai durement le coup. La police, la garde à vue, autant de chocs qui me transporteraient à des années-lumière de ce qu'avait été jusqu'à présent ma vie, d'abord celle d'un étudiant appliqué, ensuite celle d'un employé dévoué et fier de son implication professionnelle. Ma mère ne disait rien. Elle était sonnée par tout ce que nous entendions. J'essayais de détendre l'atmosphère comme je le pouvais, donnant le change, blaguant même. En fait j'étais sur les nerfs, je m'efforçais de tenir le coup, fumant cigarette sur cigarette, tentant de garder les idées claires.

Je ne l'ai compris qu'ensuite : au moment de l'annonce de mes pertes, la Société Générale devait présenter au marché et aux professionnels une version la plus crédible possible. J'aurais donc créé des positions hors de la comptabilité de la banque, usurpé des identifiants informatiques pour valider moi-même les opérations fictives avant de les annuler dans tous les systèmes quelques jours ou semaines plus tard. Mais rien de cela n'est vrai. Je l'ai dit, tous mes faits et gestes étaient visibles et contrôlés, les pertes comme les gains apparaissaient dans les relevés, et ont été vus et validés par les personnes dédiées. N'en déplaise à la Société Générale, je n'ai jamais utilisé un identifiant informatique autre que le mien ni inséré d'information vraie ou fausse dans un système pour lequel je n'avais pas les droits.

Veut-on un signe du fait que tous mes agissements étaient contrôlables ? Dès le 18 janvier 2008, mon

18/01/2008 17:29

To Martial ROUYERE/fr/socgen
cc ▓▓▓▓▓▓▓/fr/socgen@socgen, ▓▓▓
    ▓▓▓▓▓/socgen@socgen
Subject CPM sur Futures du 2A + XE + WU + WV en
         year to date | C1 |

Bonjour Martial,

Comme convenu, voici les CPM en year to date sur Futures sur indices tels que présentés dans notre outils Rubis Passerelle :

CPM year to date en CV euros sur Futures sur indices

	au 30 juin 2007	au 31 juillet 2007	au 31 décembre 2007	30 juin - 31 décembre
2A	-2 127 305 024.53	-320 546 843.85	1 554 419 019.58	3 681 724 044.11
WU	1 097 813.85	1 124 400.72	10 765 267.37	9 667 453.52
WV	-109 388.53	-183 167.85	818 416.29	927 804.82
XE	0.00	0.00	0.00	0.00
	-2 126 316 599.21	-319 605 610.98	1 566 002 703.24	

CPM year to date en CV euros sur Futures sur Indices	au 30 juin 2007	au 31 juillet 2007	au 31 décembre 2007	30 juin - 31 décembre
2A	-2 127 305 024.53	-320 546 843.85	1 554 419 019.58	3 681 724 044.11
WU	1 097 813.85	1 124 400.72	10 765 267.37	9 667 453.52
WV	-109 388.53	-183 167.85	818 416.29	927 804.82
XE	0.00	0.00	0.00	0 00

Cordialement,

SOCIETE GENERALE
Corporate & Investment Banking

OPER/GED/PNL/REC/ACR
▓▓▓▓▓▓
www.sgcib.com

supérieur Martial Rouyère recevait, suite à sa demande, la réponse ci-dessus du service en charge de la comptabilité. C'était le vendredi précédant mon départ pour Deauville. Martial, on s'en souvient, m'avait interrogé avant de me souhaiter bon week-end. Ce même jour, donc, il avait reçu « comme convenu » le document ci-dessus.

La teneur de cette requête m'interpelle à plus d'un titre et, même si elle peut paraître un peu technique, il est intéressant de s'y arrêter un instant. On peut y lire le résultat de l'équipe à laquelle j'appartenais. Je suis signalé par l'identifiant 2A.

La première chose qui frappe, c'est d'abord la disproportion manifeste entre les autres traders (respectivement WU et WV) et moi. Pour s'en tenir à la colonne du résultat annuel (« au 31 décembre 2007 »), on voit parfaitement le résultat positif de 1,5 milliard me concernant, et celui de mes collègues, de 150 à près de 2 000 fois inférieur au mien. Il est pour le moins curieux que personne ne se soit avisé de cet écart atypique.

Par ailleurs, le découpage temporel est très significatif. Il ne correspond pas aux pratiques habituelles de la banque : ce genre de requête, en effet, s'effectue tous les mois ou tous les trimestres, éventuellement tous les semestres. Alors que, en l'occurrence, ce document met comme par hasard en exergue les périodes clés de mes positions : perdantes jusqu'en juillet, et gagnantes par la suite. Par quel mystère Martial était-il informé que ces dates-ci précisément étaient les plus pertinentes ?

Extrait ni plus ni moins de la comptabilité de la banque, ce document démontre bien que, tout au long de l'année 2007, les gains comme les pertes étaient visibles par les différents niveaux de contrôle. Il dit aussi que j'avais déjà connu de lourdes pertes latentes (plus de 2 milliards au 30 juin) sans que personne ne s'en alerte. Alors, ce fameux vendredi 18 janvier, ayant connaissance de ces données, pourquoi Martial ne m'a-t-il pas interrogé franco et m'a-t-il laissé quitter la tour en me disant qu'il allait se « démerder ».

Je ne devais démonter le mécanisme de ce fatal engrenage que bien plus tard. Pour l'heure, j'allais affronter les moments les plus difficiles de ma vie. Nous nous couchâmes tard ce soir-là. Pour la troisième nuit, au moins, je fus incapable de fermer l'œil, et m'efforçai de me préparer psychologiquement aux épreuves à venir. À certains moments, je retrouvais un peu de confiance ; en expliquant aux policiers le déroulement des choses depuis le début, tout allait s'arranger. Je rétablirais la vérité sans problème. Il suffisait pour cela de parler avec honnêteté. C'est entendu, j'avais des torts et commis des erreurs, sinon des fautes, mais j'avais accompli mon travail avec sérieux et efficacité, ainsi que l'attestaient la protection de mes chefs et les promotions que ma courte carrière avait connues. Et puis je n'avais pas détourné un seul centime. Quelle pouvait donc être l'infraction pénale qui m'étaient reprochée ? Aucune. Les ténors recrutés par la Société Générale cherchaient manifestement à « pénaliser » mon dossier, comme me l'avait expliqué maître Meyer qui ne voyait pas comment l'affaire pouvait déboucher sur autre chose qu'un non-lieu et un éventuel procès aux prud'hommes.

Pendant des heures, tout se bouscula donc dans ma tête. J'étais à la fois sonné, surpris et confiant. Mais surtout j'avais peur. Peur de n'importe quoi, de détails sans importance – et si, demain matin, les journalistes faisaient le siège devant le domicile de mon frère ? –, peur des déclarations humiliantes que les gens de la banque continuaient à déverser sur moi, peur des jours à venir. La perspective de la garde à vue, avec toutes les images que le cinéma ou la télé m'avaient mises en tête, me paraissait effroyable.

En moi comme autour de moi, tout au long de cette journée et de cette nuit du 24 janvier, j'avais l'impression que la machine s'emballait. J'étais perdu, c'est sûr, mais ceux qui se trouvaient en face de moi ne devaient pas non plus se porter très bien. Paralysés par la peur, dos au mur, les cadres de la Société Générale n'avaient eu d'autre issue pour sauver un fonctionnement acrobatique et risqué que de me jeter en pâture à l'opinion. Yeux grands ouverts sur la nuit, à la recherche d'un impossible repos, je comprenais au fil des heures que l'affaire Kerviel était en train de naître, et qu'elle dépassait de beaucoup le sort de ma personne ; elle se développait sur cette frontière incertaine qui sépare les erreurs qu'un homme a pu commettre d'un système qui ne fonctionne que sur le mensonge et le trucage.

Et elle n'était pas près de s'achever.

Deuxième partie

LA TOUR

CHAPITRE 4

Dans les coulisses
d'une salle de marchés

J'AI PASSÉ pour la première fois la porte des deux célèbres tours de la Société Générale, à La Défense, au début d'août 2000. Je n'avais alors qu'une idée vague des contenus du poste de « chargé de middle-office » qui m'attendait. Je savais seulement que le middle-office, proche du front-office où travaillaient les traders, s'occupe de saisir les opérations négociées par ceux-ci et que j'allais rejoindre une équipe au sein de laquelle j'aurais la mission de rentrer dans la base informatique les données utiles au traitement des opérations financières. Ma pratique de ce métier était inexistante et mes connaissances en informatique, très moyennes ; les compétences acquises au cours de mes cinq années d'études, essentiellement consacrées à la finance, ne m'avaient guère préparé à ce premier poste. En soi ce n'était pas un problème, car il se résumait à un travail de « secrétariat » : on me communiquait des informations et je devais simplement les reporter dans le système informatique.

Le monde de la banque, et plus particulièrement celui des marchés financiers, avait toujours exercé sur moi une forte attraction, et ce pour plusieurs raisons. J'avais été élevé dans un milieu familial sensible à l'actualité sous toutes ses formes. Mon père suivait les informations à la télé et à la radio, lisait les journaux, et autour de la table familiale les conversations tournaient fréquemment sur les questions économiques et sociales. Gaulliste de cœur, il avait des convictions politiques fortes et s'intéressait passionnément à son époque. Et puis, avec les années, d'autres thèmes sont venus enrichir nos échanges enflammés et passionnés. J'étais encore au collège lorsque mon frère, de sept ans mon aîné, commença à suivre des études universitaires en droit. De nouveaux sujets vinrent alors nourrir les échanges familiaux. Je l'écoutais avec un intérêt croissant. Au lycée, je suivis à mon tour la filière économique, et avec une vraie passion. Ensuite, baccalauréat en poche, je ne me posai pas de questions sur la voie à prendre ; je ferais des études économiques et financières. Elles réunissaient les deux passions de mes années lycéennes : l'économie et les mathématiques. Je n'avais jamais envisagé d'opter pour le cursus menant à une école de commerce, car j'avais envie de connaître le monde de l'université. Après avoir suivi une année d'études économiques à Quimper, j'ai affiné mon choix. La matière m'apparaissait trop théorique et abstraite, et je préférais des études en liaison avec le concret, intégrant des stages en entreprise dans un cursus à la fois plus professionnalisant et plus spécialisé. Un concours m'a permis de rentrer à l'IUP de Nantes, où j'ai obtenu trois ans plus tard une maîtrise en finances.

Ces années constituent d'excellents souvenirs. J'évoluais dans mon élément, car les cours étaient à la fois théoriques et pratiques, et le stage que j'ai effectué pendant deux mois à la Société Générale de Nantes m'avait passionné. Il s'agissait là de mon premier contact avec une entreprise dans le secteur bancaire. J'avais été affecté au département des Titres, où j'occupais les fonctions d'agent administratif chargé du suivi d'un fonds multi-gérants issu de l'alliance entre la Société Générale et Frank Russell, une société américaine spécialisée dans la sélection des gérants de fonds.

Un fonds multi-gérants offre une structure particulière ; il renferme plusieurs compartiments constitués d'actions, d'obligations, des crédits hypothécaires de la même famille que les fameux subprimes ou d'autres produits financiers, avec à chaque fois le gérant star du secteur à la tête du compartiment. Afin d'assurer une gestion optimale, les responsables du fonds repèrent dans chaque banque le gérant le plus efficace pour chaque compartiment. Dès ce premier stage, je me trouvai donc plongé au cœur d'une mécanique financière complexe qui m'ouvrait des contacts très divers, totalement inconnus de moi jusqu'alors, et qui attisaient ma curiosité. J'étais loin de penser que, plusieurs années plus tard, je retrouverais certains de ces mêmes produits au travers d'une crise sans précédent ; je parle évidemment de la crise des subprimes. Je m'intéressais plus spécialement à une classe d'instruments financiers spécifiques au marché américain : les « asset-backed securities » (ABS) et autres « mortgages »[1] pour en faire le sujet de mon rapport de stage. L'expérience fut si concluante que j'envisageai alors de rentrer dans la vie professionnelle dès l'issue de ce stage. C'est sous la pression de ma responsable de stage que j'entrepris finalement de poursuivre mes études. « Sinon, je te sacque à la soutenance de ton mémoire ! » me lançat-elle pour me convaincre. Elle ne me voyait pas rentrer dans le milieu bancaire par une porte trop étroite. Je décidai donc de poser ma candidature pour suivre le cursus d'un troisième cycle à l'université de Lyon, dont le DESS de finance bénéficiait d'une bonne image sur le marché du travail.

Autre lien imprévu avec le futur : dans le cadre d'un travail pour le cours de communication, je dus rédiger un court mémoire sur des personnalités emblématiques de notre société. Je choisis deux juges qui incarnaient à mes yeux de véritables forces morales, Renaud Van Ruymbeke et Eva Joly. Les affaires politico-financières devenaient de plus en plus médiatisées et le sujet me paraissait passionnant. Tout au long de ces années quatre-vingt-dix, leurs personnalités avaient réussi à s'affranchir de toute pression au point de faire sortir les affaires politico-financières de l'ombre où on les avait jusqu'alors maintenues pour conquérir la une des journaux. Mon

---

1. Les ABS (Asset backed securities) sont des titres émis dans le cadre d'opérations de titrisation. Une banque cède une partie de son portefeuille de prêts à une entité appelée SPV (Special purpose vehicle), qui finance l'achat par l'émission d'ABS auprès d'investisseurs.

travail s'intitulait *Les Juges face aux élites*. J'étais surtout fasciné par Renaud Van Ruymbeke, gros travailleur, esprit libre, en qui je voyais le prototype de l'esprit indépendant et un modèle de rigueur morale. Aujourd'hui, après avoir subi l'instruction que le même Renaud Van Ruymbeke m'a fait vivre, j'avoue que j'aurais quelques réticences à écrire le même texte... L'existence se charge de nous construire tels que nous sommes ; mais c'est parfois au prix de sévères désillusions.

À la rentrée de septembre 1999 je fus accepté à l'université de Lyon, où je passai un an. Sur les conseils de ma responsable de stage à Nantes, j'avais opté pour un DESS spécialisé en finance, choix que je ne regretterais pas par la suite. J'y trouvai ce que je cherchais : des cours vivants, assurés par des professionnels, et de nombreux contacts avec le monde de l'entreprise. Un élément non négligeable m'avait conduit à postuler à ce troisième cycle : l'obligation d'effectuer deux fois trois mois de stage au sein d'une banque. Je les passai chez BNP Arbitrage à Paris. Ils me permirent de découvrir un autre métier dont j'ignorais tout : la gestion de projets. Il ne s'agissait plus de m'initier à la vie des marchés, comme je l'avais commencé un an plus tôt à la Société Générale, mais de travailler sur le moyen terme. Les responsables de BNP Arbitrage voulaient tester un système informatique de récupération d'informations sur les titres en portefeuille. C'est à ce moment-là que je pris pleinement conscience de l'importance de l'information dans une salle de marchés. Une information non reçue ou mal traitée peut coûter des sommes faramineuses à la banque – jusqu'à plusieurs millions d'euros. L'instrument informatique développé, en l'occurrence, par une société externe intégrait donc une série de paramètres afin de mieux suivre les multiples interactions qui impactaient les opérations sur titres, fiabiliser les scénarios d'évolution des cours, et apporter les ajustements nécessaires aux positions des traders. Ces recherches mobilisaient alors beaucoup d'énergie à l'intérieur du monde de la finance ; face à l'afflux de produits dérivés de plus en plus complexes qui commençaient à inonder le marché, il s'agissait de maîtriser l'avenir, de ne pas perdre d'argent sur ce qui s'apparentait à des bêtises, et éventuellement d'en gagner plus.

Durant ce stage je fus amené à être en contact avec les personnels du front-office de la BNP qui m'expliquaient les tenants et les aboutissants de la problématique qui m'était soumise. Ces discussions étaient passionnantes. J'y apprenais beaucoup et, ce faisant, prenais pleinement conscience des enjeux financiers sous-jacents au projet. Même si le sujet était intéressant, je ne m'y retrouvais pas complètement ; le côté opérationnel qui m'avait tellement plu lors de mon stage à Nantes avait totalement disparu lors de cette mission. On ne vivait plus sur l'instant mais avec une perspective de moyen terme. L'esprit de l'aspect opérationnel m'avait passionné lors des cours, mêlant une bonne connaissance des produits et des aptitudes mathématiques, il était intellectuellement intéressant et me manquait.

Ce stage me permit néanmoins de faire une autre découverte au travers des discussions avec certains traders. Je connaissais l'importance d'une bonne formation mathématique pour intégrer le monde de la finance, mais je ne me doutais pas de l'importance qu'avait prise la discipline au sein des métiers bancaires. Par la suite, je rencontrerais dans les salles de marchés un grand nombre d'anciens élèves de grandes écoles, Polytechnique, Centrale, Mines. La complexité du métier entraîne l'élaboration de stratégies formalisées d'un haut niveau, même sur des produits relativement simples. Des modèles mathématiques sophistiqués conduisent à trancher entre les actions qui sur-performent et celles qui sous-performent, et permettent de mettre au point ce que l'on appelle aujourd'hui le « trading quantitatif » encore appelé « trading algorithmique ». Un autre exemple, tristement célèbre, de produit financier complexe dans lequel les schémas mathématiques se sont illustrés, ce sont les fameux subprimes américains. Au départ crédits hypothécaires classiques, ils furent ensuite transformés en titres (« titrisés », selon le néologisme boursier), puis découpés avant d'être vendus par tranches à des fonds ou d'autres banques. On connaît la conséquence : la déconnexion complète entre le prêt d'argent et le risque qu'il fait courir à l'organisme prêteur, lequel s'empresse de sortir les créances de son bilan en les noyant dans un ensemble de produits qui partent vers d'autres organismes financiers. Mais l'effondrement du marché immobilier américain, couplé à l'impossibilité des familles de rembourser des sommes de plus en plus fortes, a bientôt fait plonger la finance de la planète entière. C'est ainsi qu'est née la crise économique mondiale, que quelques esprits brillants et attentifs avaient senti se profiler, mais que les banques et les investisseurs furent incapables d'endiguer. Pourtant, quelques années plus tôt, lors de mon stage à la Société Générale à Nantes, le gérant en charge de ces produits, que j'interrogeais pour mon rapport de stage, m'avait lâché cette phrase : « Un jour ce truc va tous nous péter à la gueule, c'est une usine à gaz. On ne sait même pas ce que l'on a acheté. » Ce n'est que quelques années plus tard que je prendrais la pleine mesure de ces propos qui m'avaient alors semblé assez abstraits.

Mon travail chez BNP Arbitrage avait consisté à faire des tests sur le logiciel à usage prévisionnel. J'en ai conclu qu'il fournissait des analyses intéressantes, capables de produire des informations fiables, mais qu'il se révélait complexe dans son utilisation. Mes responsables ont dû être satisfaits de ce travail, puisque, dès l'obtention de mon diplôme, ils m'ont proposé un emploi. Je n'étais pas pressé de donner ma réponse. En 2000, les banques recrutaient à tour de bras et je savais que j'aurais d'autres opportunités d'obtenir un poste plus opérationnel et plus proche des marchés, bref de l'action. Ce qui m'intéressait, c'était la finance et la vie des marchés, sans que j'aie une idée plus précise du métier qui pourrait être le mien.

Un jour, le service du recrutement de la Société Générale Paris m'appela. Il appréciait la formation dispensée par le DESS de Lyon et me proposa un poste de gestionnaire en middle-office. Je n'ai pas hésité une seconde. Je me plaisais bien chez BNP Arbitrage, je m'étais attaché aux personnes que j'avais rencontrées, et en six mois des liens forts s'étaient noués ; mais la proposition de la Société Générale me rapprochait du monde des marchés. C'est ce qui a emporté mon choix. J'ai donc été embauché pour un salaire annuel d'un peu moins de 30 000 euros bruts au poste d'employé au middle-office référentiel, j'y reviens plus loin. En cet été 2000, c'est avec une joie profonde que j'intégrai le staff de la prestigieuse Société Générale, dans le département le plus envié de surcroît : le département DAI (Dérivés Actions et Indices). Partout dans les salles de marchés de la Société Générale on pouvait voir des posters vantant les nombreux prix décernés au département phare de la banque : « Leader mondial sur les produits dérivés », « number 1 », pouvait-on lire en lettres rouge et noir qui rappelaient les couleurs de la banque. J'étais enfin au cœur du réacteur de la « centrale à fabriquer du fric », pour reprendre l'expression de ce responsable de la Société Générale qui nous présenta aux nouveaux arrivants et à moi la salle des marchés. Le middle-office comprenait différents services, parmi lesquels celui de l'équipe à laquelle j'appartenais, le middle-office référentiel, à son tour divisé en deux sous-groupes : celui des « warrants », terme général qui désigne l'ensemble des options émises et cotées par la banque, et celui des « actions et OPCVM », qui concernait tout ce qui est coté sur ce qu'on appelle les marchés organisés

91

(actions, futures, options)[1]. C'est à cette seconde équipe que j'appartenais. Avec une collègue j'y avais en charge les OPCVM, ou « organismes de placements collectifs en valeurs mobilières », communément appelés « fonds ». Ils regroupent plusieurs produits, et n'ont rien à voir avec ceux que je traiterais lorsque quatre ans plus tard je deviendrais trader. L'ensemble du service des produits listés était placé sous l'autorité d'une femme sympathique et pleine de dynamisme, Christine Rodriguez. Jeune Portugaise d'une trentaine d'années, elle avait la responsabilité d'une équipe de cinq personnes. La moyenne d'âge y était basse, tout le monde ayant aux alentours de 30 ans. Le travail se déroulait dans la bonne humeur, au sein d'une ambiance chaleureuse.

Il allait falloir tout apprendre sur le tas ; un apprentissage qui ne me poserait pas de réels problèmes, parce que mes fonctions étaient simples et répétitives. Et puis surtout la joie de rejoindre un groupe aussi prestigieux que celui de la Société Générale était en soit tellement motivant pour le jeune diplômé que j'étais ! Mon job était simple : un trader me fournissait des paramètres à renseigner sur un type de produits, et je les rentrais dans l'outil informatique du front-office Eliot, créant ainsi les références néces-

---

1. Les opérateurs de marché appellent « future », contraction de « future contracts », un contrat à terme. Un contrat à terme est un contrat négocié sur un marché organisé (Bourse) par lequel l'acheteur (le vendeur) s'engage à acheter (vendre) un actif financier dans le futur à un prix fixé dès l'origine. L'acheteur d'un future touche la différence, si elle est positive, entre le prix observé à l'échéance et le prix à terme initial, et verse cette même différence dans le cas inverse.

saires au suivi du nouvel instrument financier et aux opérations négociées sur ce dernier. Autre aspect de mon travail : tous les jours, à la clôture du marché, je m'assurais que les prix qui étaient remontés sur l'instrument informatique étaient bien à jour. Saisie informatique des paramètres qui m'étaient transmis, vérification que les prix présents dans l'outil étaient conformes à ceux que les bourses communiquaient ; c'est cela, et rien d'autre, que l'on attendait de moi. Je n'exerçais aucune fonction de contrôle sur les opérations, ainsi que l'a par la suite prétendu la Société Générale, qui prétendit que j'avais travaillé au back-office, c'est-à-dire au service en charge du contrôle et du traitement administratif de toutes les opérations. Ce n'est pas au poste que j'occupais que j'aurais pu apprendre comment fonctionnaient les contrôles internes du back-office, car je n'avais strictement aucun contact avec ces services. Quant au trading, il appartenait à l'univers du front-office, également séparé de celui dans lequel j'évoluais. Mon service était d'ailleurs installé à un autre étage que celui des traders auxquels ne me reliaient que de rapides échanges téléphoniques.

Compte tenu de la nature des produits dont je m'occupais et des différentes places boursières sur lesquelles ils étaient cotés, j'ai dès le début appris à travailler sur des amplitudes horaires très larges. La journée débutait vers 8 heures et ne s'achevait jamais avant 20 heures, sinon 21 heures. C'est à ce poste que je commençai à me familiariser avec les différents produits financiers que gère une grande banque comme la Société Générale. Leur quantité est considérable, et ne cesse de s'accroître. Les différentes banques en proposent chaque jour de nouveaux à leurs clients ; certains sont simples, comme les warrants, d'autres très complexes, ainsi ceux qu'on appelle les « produits structurés ». Leur nombre est si important que je n'en ai même pas une idée exacte. À titre d'exemple, ma collègue et moi nous occupions d'un demi millier d'OPCVM. Quand on sait que notre activité était quasi marginale par rapport à l'ensemble des produits dont s'occupait la Société Générale, cela donne le vertige.

À mon entrée dans l'entreprise, je fus très surpris par l'industrialisation des traitements. Dès 2000, les outils informatiques développés étaient tellement efficaces qu'ils étaient vantés dans l'ensemble du secteur financier. Partout il se disait que la Société Générale était à la pointe. Et pour cause : le moindre écart d'information entre deux systèmes était automatiquement relevé par les services de contrôle le lendemain, voire le surlendemain. Il y avait peu d'interventions manuelles des agents en charge des contrôles, et les reportings automatiques étaient adressés aux personnes concernées. Cela tranchait agréablement avec la situation que j'avais connue à la BNP, où les procédures et les contrôles étaient bien moins automatisés.

Dans les premiers temps, je n'avais qu'une faible vision de l'architecture générale bancaire. Polarisé par mes saisies informatiques, je ne connaissais rien des stratégies financières qui se jouaient en amont du middle-office. Des années plus tard, je n'en aurais pas su davantage, tant est grand le secret qui règne autour des stratégies de trading des équipes. Un

cloisonnement soigneusement organisé par le management de la salle des marchés l'empêchait. Je
n'appréhendais pas plus la complexité des multiples
niveaux de contrôle interne. C'est la raison pour
laquelle je m'ennuyai assez vite. Au bout d'un an
j'avais fait le tour d'un travail répétitif et sans grande
finesse. En revanche, un aspect de mon travail me
passionnait : je pris l'initiative de développer des
outils sur Excel qui automatisaient certaines tâches,
les miennes comme celles des autres membres de
l'équipe : travaux de saisie, de reporting, etc. J'y
consacrais bientôt une partie de mes journées, et les
nouvelles procédures que j'élaborais offraient à mes
yeux un double avantage : j'éprouvais du plaisir
intellectuel à les mettre au point, et elles me permettaient de gagner du temps lors de mes tâches quotidiennes.

De là sans doute est née cette légende largement
distillée par la Société Générale, au début de l'affaire,
sur mes prétendues compétences informatiques...
Quoi de plus crédible, aux yeux du public, que de
s'être fait planter par un hacker de génie ? La vérité
est tout autre. Le seul outil informatique que je maîtrisais est une feuille Excel utilisée par 99,9 % des personnes dans ce milieu. Je ne possédais donc pas plus
de connaissances informatiques que toute personne
travaillant dans la finance ; construire des « macros »
sur Excel relève de mécanismes intellectuels assez
élémentaires. Encore faut-il prendre le temps de s'y
consacrer, ce que j'étais l'un des rares, sinon le seul,
à faire dans l'équipe composée de six personnes.

Peu à peu, certains traders m'ont suggéré d'automatiser pour eux-mêmes des outils de reporting, car ils n'avaient pas le temps de le faire. Ce fut l'occasion d'un premier contact avec un métier que je n'avais jamais approché : celui du trading. J'étais alors à des années-lumière d'imaginer qu'un jour, il deviendrait le mien.

En 2002, cependant, une opportunité s'est offerte à moi. Un assistant trader quittait son poste dans le département DAI (Dérivés Actions et Indices) au sein du pôle Arbitrage. J'allais à ma grande joie rejoindre physiquement une des plus prestigieuses salles de marchés de la banque et devenir assistant trader. Me rapprocher encore de la fameuse « centrale à fabriquer du fric » : cela faisait deux ans que je travaillais à la Société Générale, et je prenais de plus en plus conscience de l'omniprésence de la culture du résultat. Je sentais la prégnance de cette hiérarchie occulte entre les « centres de coût », que sont toutes les fonctions de support – le back et le middle-office –, et les « centres de profit » que sont les agents du front-office – les traders et les *sales* (les vendeurs). Centres de coût, centres de profit… je ne saurais dire combien de fois j'ai entendu ces mots ; ils étaient entrés dans le langage de tout le monde et dans l'inconscient collectif. Comme je changeais d'univers, un autre élément me surprit. Les personnes qui travaillaient, par exemple, au service informatique ne nous nommaient pas par nos nom ou prénom, mais par le terme de « client ». C'est comme si l'on travaillait pour des sociétés différentes… Moi qui, plus jeune durant mes vacances, avait prêté main forte à l'entreprise de coiffure de ma mère où les salariés formaient une véritable équipe, je trouvais cette ségrégation pour le moins étrange.

Je devins donc « assistant trader sur le pôle Arbitrage de GEDS » (ainsi avait-on renommé le département DAI) et commençai d'explorer un nouvel aspect de la finance. Pour schématiser, on peut définir le métier d'arbitragiste par la recherche de profits sans risque par intervention simultanée sur plusieurs marchés. Tel titre, coté dans plusieurs pays différents, n'a pas partout la même valeur. L'arbitrage consiste à l'acheter sur la place où il coûte le moins cher pour le revendre là où il jouit d'une cote maximum. Coupler un achat et une vente revient donc à minimiser à l'extrême le risque pris. Les gains sont minimes, le résultat se faisant sur les volumes négociés.

Ce nouveau métier suscitait d'autres émotions que le précédent. Au quotidien, mon rôle consistait à saisir les transactions dans le système informatique – celui du front-office de la Société Générale, on l'a vu, a pour nom Eliot –, à analyser les résultats, à trouver, en cas d'anomalie, d'où venait le problème, à publier l'indice de risque des traders sur leurs portefeuilles – en langage technique, « sortir les analyses de risques » –, à les transmettre aux traders, et à faire le lien avec le back-office. Un assistant trader exerce donc à la fois une fonction de saisie et de synthèse des résultats journaliers, il ne possède en revanche aucun pouvoir sur les décisions ultérieures qui sont du seul ressort du trader, lequel donne son appréciation sur les documents que lui remet chaque soir son assistant et conduit sa stratégie comme il l'entend. Pour le dire autrement, l'assistant trader assure une fonction de secrétariat, aucunement de contrôle (l'un des principes de base étant que, dans le domaine de la finance, ceux qui contrôlent sont toujours indépendants du front-office), il facilite la tâche des traders dont il suit les opérations – dans mon cas, une petite dizaine de traders. D'où des horaires de folie, qui allaient couramment de 7 heures à 22 heures, voire minuit.

En raison de cette proximité privilégiée, un assistant a une connaissance précise des opérations que mènent les traders qu'il suit, même s'il ignore ce qui les a motivées. Très vite, je pus voir quelles opérations saisies se trouvaient « en attente », procédure qui peut dissimuler une opération fictive, quels résultats étaient « mis sous le tapis » et grâce à quelles techniques, quelle était l'ampleur des mouvements d'arbitrage traditionnel et ceux qui relevaient du « spiel », c'est-à-dire de la pure spéculation.

Tout étant traçable dans l'outil informatique, le bon comme le moins bon, il était facile de vérifier la source des profits, de se pencher plus précisément sur le book d'un trader et de le décortiquer. Six mois me permirent ainsi de faire le tour des différentes méthodes utilisées. Je compris très vite qu'entre le dit et le non-dit, le fonctionnement officiel et celui qui l'est moins, la marge est étroite mais la tolérance des responsables, elle, fort large. Seul le résultat compte ; c'est-à-dire les gains engrangés au profit de la banque, et sur lesquels les traders et les managers s'appuient pour négocier leurs bonus et accroître leur notoriété professionnelle. Un principe simple règne dans la salle des marchés : on est là pour gagner de l'argent... et si possible par brouettes entières. Tous les traders ont des objectifs financiers individuels à atteindre. Plus l'année a été bonne, plus les objectifs augmentent. Au 31 décembre, si les objectifs ne sont pas atteints, vous savez qu'on vous le jettera à la figure, sans compter les commérages des autres équipes parce que vous vous êtes « pris une tôle ». J'ai souvenir de l'exercice difficile d'un responsable d'activité lors du séminaire annuel. Il devait expliquer benoîtement devant une salle bondée et remplie de hauts dirigeants comment il s'était planté, avec cette conséquence aggravante que la perte de son équipe allait amoindrir l'enveloppe globale de bonus de tout le pôle d'activité. N'ai-je pas entendu cette phrase à la sortie du séminaire : « À cause de ces baltringues qui se la racontent avec leurs black box de merde, on va payer les pots cassés. » Comprenez : « Comme certaines activités n'ont pas bien performé, on va nous dire qu'on doit être solidaires, et accepter une baisse de l'enveloppe individuelle de nos bonus », ces mêmes personnes oubliant que l'année précédente, c'étaient eux qui se trouvaient dans cette situation.

J'avais alors 27 ans. L'âge de la plupart des traders et des assistants ne dépasse guère la trentaine. 90 % étaient des hommes, ce qui donnait à la salle une tonalité macho et potache. Mais on ne mélangeait pas les torchons et les serviettes ; les traders plaisantaient entre eux sans se commettre avec leurs assistants. Comme je n'ai jamais apprécié la tournure d'esprit de faux étudiant attardé, je ne souffrais pas de cette mise à distance. La plupart des traders avaient beau être issus de grandes écoles, les plaisanteries de mauvais goût régnaient en maîtres. Je me rappelle ce jour où, au passage de deux jeunes filles stagiaires, l'un d'entre eux a demandé sur un ton naturel qui avait « commandé les deux putes »... Les paris débiles étaient monnaie courante : 500 ou 1 000 euros sur le nombre de PC dans la salle, une paire de claques pour celui qui a annoncé un résultat erroné... L'un des traders, Raphaël, était devenu la tête de turc de tout le desk. Toute occasion était bonne pour embêter celui que, pour une raison mystérieuse, on surnommait Lulu. « Aujourd'hui Lulu, l'indice de l'emploi américain, tu le vois *bull* (en hausse) ou *bear* (en baisse) sur le marché américain ? – J'en sais rien, répondait le pauvre Lulu, fichez-moi la paix. » À force de questions, Raphaël finissait par lâcher un pronostic : « Je suis *bear*. – On parie quoi ? Une baffe ? – Oui, une baffe », réclamait le cœur des traders. Manque de chance pour Raphaël, à l'apparition du chiffre de l'emploi sur l'écran, le marché était *bull*. J'entends encore la claque qu'un collègue lui a assénée sous les rires des autres...

Au bout d'un an, j'avais compris les arcanes du métier et commençais à m'ennuyer dans un travail où la saisie occupait la majeure partie de mon temps. Comment allait se poursuivre ma carrière ? Je n'en avais pas la moindre idée. Je ne pensais pas une seconde devenir trader. Pour moi ce n'était même pas un souhait, car la chose était irréaliste. De plus je ne me reconnaissais pas tellement dans ce milieu et n'avais pas une volonté farouche d'en faire partie. On me proposa de partir pour une filiale à l'étranger, mais cette perspective m'enthousiasmait peu. Avec ma compagne d'alors, nous venions d'acheter un appartement à Levallois et n'envisagions pas de quitter Paris. Et puis une autre opportunité s'est offerte. Dans le courant de 2004, une des activités que je couvrais comme assistant a commencé à se développer : le marché des « turbos warrants ».

On a déjà croisé ce mot de « warrants ». Disons, pour faire simple, qu'il s'agit de produits dérivés créés par les banques à destination des particuliers et des professionnels de la finance. Il s'agit d'options d'achat (des « *calls* ») ou de vente (des « *puts* ») sur les produits les plus divers appelés sous-jacents : actions, indices boursiers, taux de change, matières premières… Leur mécanisme est simple et peut s'assimiler à une sorte de pari : je prends une option d'achat sur telle action à un prix que l'on fixe à l'avance et dont je pense que le cours va monter. À l'échéance, je gagne si le cours a monté, et j'empoche la différence entre le cours et le prix fixé au départ, appelé prix d'exercice. Si le cours a baissé, je ne perds que le prix du warrant.

Apparus sur le marché sous leur forme actuelle au milieu des années quatre-vingt, ces warrants exercèrent d'emblée un fort pouvoir d'attraction sur la clientèle, et pour une raison qui est à la base même de tout placement financier : l'investissement initial est plus faible que pour un produit traditionnel tandis que la possibilité de gain est, elle, identique. Le rendement par euro dépensé est donc plus élevé, illustrant le fameux « effet levier ».

L'arrivée en 2004 des turbos warrants introduisit une nouveauté intéressante : leur fonctionnement était simplifié dans son calcul et plus sécurisé grâce à l'existence d'une « barrière désactivante », une limite qui, dès qu'elle est touchée ou franchie par le cours du sous-jacent, met fin à la vie du turbo. Le risque de perte totale s'en trouvait d'autant affaibli et permettait de protéger une partie du capital investi. Le mode de calcul de ce type de produit était extrêmement élémentaire ; il consistait en une simple soustraction. C'est la raison pour laquelle les banques françaises rechignaient à les mettre sur le marché. Les warrants traditionnels remportaient un vif succès auprès de la clientèle, et permettaient à la banque des marges de gains supérieures ; pourquoi donc se tirer une balle dans le pied avec les turbos warrants, et cannibaliser des ventes qui marchent et qui margent ? Tel était le discours des financiers. Mais certains clients étrangers ne l'entendaient pas de cette oreille ; en premier lieu les Allemands, dont la culture financière est plus développée que la nôtre. Ils commençaient à se détourner du marché des warrants sur lequel ils estimaient que les banques se taillaient la part du lion et les « truffaient »... Ils n'avaient pas complètement tort. Je me souviens qu'à mon arrivée au poste d'assistant, j'avais évalué par le système interne de banque le prix que devrait valoir un warrant, ce qu'on appelle la « fair value ». En regardant le prix que le trader assis quelques sièges plus loin proposait aux clients de la banque, je crus tomber de ma chaise... Il était 50 % plus cher. Je suis benoîtement allé le voir et, pensant bien faire, lui indiquai qu'il y avait peut-être un problème dans le prix qu'il donnait à son client. Il explosa de rire et me dit : « Leçon de trading n° 1 : la marge ». Toujours aussi benoîtement, je lui demandai : « Mais à ce prix-là, tu en vends ? » Sa réponse me fit comprendre que j'avais changé de monde, et je saisis enfin la signification de « centrale à fabriquer du fric » : « Ouais. Et tant qu'il y aura des gentils clients pour me payer cette marge, je ne m'en priverai pas. »

À leur tour les Finlandais, puis les Suédois, se sont lancés à la recherche des turbos warrants disponibles sur le marché. Tout en continuant à refuser d'ouvrir le marché français, nos banques ont donc décidé de proposer leur nouveau produit aux étrangers. En France, ce n'est que bien plus tard que ces produits sont arrivés, et encore de façon discrète. Pour moi qui travaillais sur ces produits à l'étranger, je pestais de ne pouvoir explorer le marché français, mais j'avais beau demander au management de me soutenir dans ce sens, la réponse était chaque fois négative. Les banques françaises s'étaient mises d'accord pour ne pas émettre de turbos warrants sur actions afin de ne pas cannibaliser le marché des warrants classiques qui étaient plus profitables.

La branche de l'activité turbos warrants s'est accrue au point que, dans le courant du second semestre 2004, l'équipe a été divisée en deux. La nouvelle équipe, baptisée « Deltaone », travaillait uniquement des produits à destination de la clientèle, et un des traders, Alain Declerck, sous la responsabilité d'un trader senior, fit rapidement connaître le besoin d'un « assistant trader dédié », c'est-à-dire dont le temps serait entièrement consacré à cette nouvelle équipe restreinte. Il proposa de me nommer à ce poste, ce que la hiérarchie accepta. Je me retrouvai aussitôt au milieu du desk, parmi les traders, et non plus à l'écart dans une autre partie de la salle, avec les autres assistants. L'expérience devint alors passionnante : je suivais la vie des nouveaux produits, la manière de les travailler, de fixer leurs cours d'achat et de vente. C'était la chance d'acquérir un nouveau métier – non pas celui d'arbitragiste, mais de « market-maker », le market-maker étant la personne qui fournit à la clientèle des prix à l'achat et à la vente sur certains produits. C'est pourquoi on dit qu'il « cote ». Sa profitabilité est constituée par l'écart entre le cours acheteur et le cours vendeur.

Arbitrage, market-making, j'avais certes une vision plus globale du métier de trading mais, pour autant, ma responsabilité ne s'en trouvait pas modifiée. Je faisais toujours de l'assistanat, c'est-à-dire de la saisie de données, tout en continuant à développer des outils informatiques pour faciliter le reporting. Peu à peu, on me confia la tâche de surveiller l'automate de trading qui cotait les produits émis sur le marché allemand, cet outil informatique de base qui permet d'envoyer directement les ordres sur le marché et, dès leur exécution, de les rentrer par un processus automatique dans la base Eliot en attente des contrôles qu'effectuent les gens du back-office.

Je me plaisais dans ce nouveau poste et, encore moins que précédemment, même si mon salaire n'avait pas beaucoup augmenté, ne ménageais ma peine. Alain Declerck et les autres traders de l'équipe m'avaient bien fait comprendre que je « n'avais pas le droit de me rater », qu'ils m'avaient fait confiance, et qu'il allait falloir que je me « déchire », pour reprendre l'expression de l'un d'entre eux, afin de prouver que je méritais ce « traitement de faveur ». Nombre de mes collègues assistants auraient aimé être à ma place sur une table de trading, au milieu des traders, et non plus assis quatre tables plus loin, isolés de l'action. Outre que l'activité était en pleine croissance, donc en elle-même chronophage, je prenais plaisir à comprendre les mécanismes, à analyser les différentes stratégies qui sous-tendaient les opérations. Tout en restant assistant, je devenais au fil des semaines une sorte de stagiaire en trading. Je ne me privais pas non plus de poser des questions à Alain Declerck, que son métier de trader passionnait et avec lequel il m'arrivait de prendre un verre après la fin de la journée de travail, vers 22 ou 23 heures. Je profitais de ce moment de détente pour lui poser toutes les questions de la journée : « Pourquoi cette engueulade avec le vendeur suisse », « pourquoi avoir pris cette position à tel moment »… Le personnage était sympathique. Âgé d'un an de plus que moi, il avait suivi un cursus exemplaire. Étudiant à HEC puis aux Arts-et-Métiers, puis stagiaire trader, il avait rapidement décroché un CDI pour se retrouver le principal trader sur ce nouveau produit des turbos warrants. Il faisait son métier avec un mélange d'enthousiasme et de peur. Se confiant volontiers sur ses doutes, évoquant avec une pointe d'ironie certains de ses managers, s'emportant souvent en cas de mauvaise opération, il pouvait connaître des phases de stress intenses. Il se mettait alors à marmonner : « Ça sent le sapin, ça sent le sapin... », avant de repartir au combat avec une énergie décuplée.

Nous entretenions de bonnes relations. C'est lui qui m'a tout appris du trading en me mettant au courant des techniques et en me permettant, par ses réponses précises, d'éclaircir les zones d'ombre. Pour autant il ne nourrissait aucune illusion sur mon avenir : « Tu ne seras jamais trader, me disait-il ; tu n'en as ni la formation ni le caractère. Il faut avoir faim pour faire ce métier. » Je n'en doutais pas ; j'avais compris à quel point l'assistanat et le trading étaient cloisonnés. Mais les techniques financières m'intéressaient en elles-mêmes, sans autre souci de carrière.

Alain Declerck était mon principal interlocuteur au sein de la salle. Au-dessus de lui commençait un monde mystérieux dont je ne connaissais rien. Notre responsable n+3, Pierre-Yves Morlat, patron du pôle Arbitrage, que je croisais tous les jours, ne m'adressait pas la parole. C'est donc par une personne travaillant pour lui que, à la fin de 2004, j'ai appris la nouvelle : « Félicitations, tu passes trader l'an prochain. » Devant ma surprise incrédule, il ajouta : « Ce n'est pas une blague. J'ai vu le mail passer. » Alain Declerck, le même homme qui me mettait depuis des semaines en garde contre tout espoir irréaliste, avait en fait œuvré en sous-main pour convaincre les responsables de mes aptitudes ! Il appréciait mon travail, ma curiosité intellectuelle, et sans doute ma rapidité de compréhension. Curiosité de l'histoire : ce n'est que dans le cadre de l'instruction que je verrai le mail qui scella mon passage au front-office, celui dans lequel Pierre-Yves Morlat demandait à Luc François, le patron du trading, l'autorisation de me promouvoir trader.

En 2005, je suis donc devenu trader junior grâce à Alain Declerck. Il s'agit là d'un phénomène très rare au sein des salles de marchés, surtout à la Société Générale ; le monde du trading est tellement fermé sur lui-même que l'accès d'un assistant au cœur d'une salle de marchés est exceptionnel. Durant mes années à la Société Générale, je crois bien n'avoir connu qu'un autre cas semblable au mien. Au demeurant, ma promotion au rang de trader junior ne s'accompagna d'aucune formation particulière. Les métiers de la finance tiennent du compagnonnage. Un trader junior est placé en binôme auprès d'un senior, observe sa façon de travailler et en recueille l'expérience jusqu'à acquérir son autonomie et prendre des initiatives. Connaître et comprendre la vie des marchés est très peu affaire de théorie. Seule la pratique conduit à l'efficacité.

Une autre vie commençait. Elle allait m'apporter de multiples émotions, de nombreuses joies et quelques peines ; et elle finirait par entraîner ma chute.

CHAPITRE 5

Trader en titre

L E PASSAGE au métier de trader m'a intellectuellement changé. J'y ai connu d'autres personnes, appris d'autres pratiques, découvert
la réalité quotidienne d'une grande banque, avec ses
lumières et ses zones d'ombre. Mes journées, déjà très
lourdes, sont devenues trépidantes. Bientôt je m'habi-
tuerais à passer des centaines d'ordres quotidiens
pour des montants dont la conscience m'échapperait
peu à peu. J'approfondirais ma connaissance du
jargon des salles de marché, fait d'un étrange sabir
d'américain francisé, jusqu'à ce qu'il passe dans mon
propre langage ; je me surprendrais à ne plus dire de
quelqu'un qu'il a vendu une voiture, mais qu'il l'a
yourzée, et je n'achèterais plus un DVD, je le *lifterais*.
Je ne l'ai pas saisi sur le moment ; mais en ce matin
de janvier 2005, j'ai accosté dans un pays qui possède
son langage, ses lois et ses coutumes, ses héros et ses
bannis, ses maîtres et ses serviteurs, et bien sûr sa
monnaie : des chiffres qui apparaissent sur un écran,
circulent à travers la planète à la vitesse de la lumière,
et où quelques millièmes de seconde changent tout.
Avec le recul, et sans même songer aux événements

qui m'en ont exclu, je suis heureux de ne plus compter au nombre de ses citoyens.

Je passais plus de temps que mes collègues devant mon ordinateur, par désir de comprendre, de bien faire, de ne pas laisser filer une opportunité. Dans le peu de temps qui me restait, on m'avait fait comprendre que je devais me rapprocher des autres, sortir avec eux afin de m'intégrer à l'équipe. Le peu de vie personnelle qui me restait a rapidement disparu. Mon temps, qui était déjà voué à la Société Générale, est devenu enchaîné à elle. Je songeais d'autant moins à m'en plaindre que j'étais demandeur, et heureux de ma réussite. Ma vie privée en a subi les conséquences. Ce nouveau travail nous a conduits, mon amie et moi, à nous éloigner, puis à nous séparer sans crise, sans éclat. Simplement la femme qui m'avait aimé et que j'avais aimée plus que tout ne me reconnaissait plus tandis qu'elle-même me devenait étrangère. Je me sentais glisser vers quelque chose qui ne me ressemblait pas sans pouvoir me retenir.

J'organisai ma nouvelle vie. Je louai un petit appartement à Neuilly où je m'installai aussitôt. Un lit, un canapé, une télévision, très peu de meubles, le strict minimum pour vivre, l'aménagement resta d'autant plus sommaire que j'y passai très peu de temps. Je n'y prenais jamais mes repas, même pas le petit déjeuner. Je rentrais tard dans la nuit pour repartir aux aurores le lendemain, et le week-end, quand je ne sortais pas, la télévision suffisait à me vider la tête d'une semaine épuisante. L'intendance suivait : une femme de ménage s'occupait de l'appartement et repassait mes affaires une fois par semaine. Ma vie privée était réduite au strict minimum, dévorée qu'elle était par ma vie professionnelle. Le plus étrange est que je m'en rendais à peine compte. Je ne me projetais plus dans l'avenir, ne construisais aucun plan de carrière, n'anticipant en rien sur ce qui pouvait m'arriver. Je rencontrai ma nouvelle amie, compris assez vite le lien profond qui nous attachait sans pour autant aménager ma vie en conséquence. Je maintins tout : les sorties avec les collègues, les nuits courtes et les journées sans fin, le travail omniprésent. Lorsque mon affaire éclata, je fus touché de la voir si forte et si présente auprès de moi, si soucieuse de mon sort. Je le lui dis. Sa réponse fut à la fois la plus belle preuve d'amour que je pouvais recevoir et l'aveu doux-amer de ce que je lui avais fait vivre : « Je n'ai pas enduré les deux années que tu m'as fait vivre pour te laisser tomber maintenant », me murmura-t-elle dans un sourire.

Pendant plusieurs semaines de ce début d'année 2005, j'ai envoyé des ordres sur les marchés en utilisant le poste et les licences de trading de mon trader senior, Alain Declerck. Puis j'ai obtenu les licences délivrées par les différentes places boursières qui permettent de négocier sous son propre nom. Les épreuves que le candidat subit ne sont pas difficiles ; il doit montrer sa connaissance des règles de base de la Bourse et s'engager à les respecter. Ce point de déontologie boursière est important : il assure la traçabilité des opérations, et permet le cas échéant de retrouver leur responsable. J'ai ainsi obtenu ma licence

111

pour travailler sur notre marché principal, l'Allemagne, puis d'autres pour les pays nordiques, et
enfin des équivalences qui me donnèrent accès à la
plupart des autres marchés. Ma position juridique
étant établie, j'accédai au statut de trader.

Mais comme souvent dans le système bancaire, la
pratique diffère de la théorie, et le paravent des
licences peut recouvrir des coutumes peu ortho-
doxes. Tel trader passe certains ordres sous la licence
d'un collègue, comme je l'ai moi-même fait – c'est
souvent le cas pour les juniors ou les stagiaires. Tel
autre travaille sur le book d'un collègue parti en
vacances, ce qui fait de chaque poste un mini-empire
sur lequel la nuit ne tombe jamais. Évidemment, tout
cela se passe avec la bénédiction, non seulement des
managers, mais aussi du département Compliance
(Déontologie). J'ai ainsi eu connaissance d'une situation pour le moins fantasque : un trader passait ses
ordres en utilisant les licences d'un confrère qui avait
démissionné trois ou quatre mois plus tôt ! La plupart
du temps, cette pratique ne soulève aucun problème.
Mais il arrive qu'une Bourse, soupçonnant une anomalie, passe un coup de téléphone. Sans se démonter,
son interlocuteur lui fournit alors une rapide explication : le détenteur de la licence est parti aux toilettes,
il va revenir… Généralement, l'interrogatoire s'arrête
là. Mais parfois une enquête se déclenche, et la
banque peut vivre un moment difficile. La Bourse
suisse fait partie des plus vigilantes en la matière. En
mai 2008, la Société Générale s'est ainsi vue infliger
une amende de 24 664 euros pour avoir passé des
ordres au nom de traders fantômes. Et j'ai su

qu'après mon « affaire » l'entreprise avait opéré un vaste nettoyage sur les pratiques douteuses en matière de licences, craignant sans doute que les différentes bourses opèrent des vérifications dont je doute qu'elle se soit sortie sans dommages. Plus tard, cette nouvelle relayée par les médias en pleine instruction de mon dossier me fit sourire. Alors que la Société Générale m'accusait d'introduction frauduleuse de données dans un système informatique, elle se faisait stigmatiser par la Bourse suisse pour ses traders fantômes...

Je passais désormais mes ordres de façon autonome, sous ma propre licence, et de moins en moins sous les directives d'Alain Declerck. J'avais tenu à conserver certaines tâches d'assistant, sans doute pour me rassurer psychologiquement. Car je me retrouvai bientôt face à une angoisse inconnue. Non pas que les produits que je travaillais soient complexes ; c'étaient même les plus simples du marché, et leur compréhension ne nécessitait pas des formules à paramètres multiples ; la règle de trois suffisait. Mais est arrivé le moment de la prise de conscience décisive. Au bout de quelques jours dans mon nouveau poste, il a fallu que je passe mon premier gros ordre, dont le montant tournait autour de 200 000 euros. Ma main tremblait sur la souris, j'hésitais, j'allais prendre une décision énorme, que je rattachai soudain à la réalité ; 200 000 euros, c'était à peu près le prix du petit appartement à Levallois que mon amie et moi venions d'acquérir, et d'un clic de souris, j'allais envoyer un ordre de ce montant dans le marché... J'avais peur de me tromper, je vérifiai pour la troisième ou quatrième fois les trois éléments de mon opération : le prix du produit, le sens de la transaction – achat ou vente –, la quantité... Alain Declerck me prit la main tout en me houspillant : « Tu dois être plus rapide, beaucoup plus rapide ! Allez, vas-y ! » J'ai encore hésité quelques secondes, puis j'ai cliqué sur la souris, et l'ordre est parti dans le marché. Deux ans plus tard, j'enverrais quotidiennement des centaines d'ordres, dont certains se chiffreraient en centaines de millions d'euros et pour des montants cumulés de plusieurs milliards ; mais la conscience de mes actes ne serait jamais aussi aiguë que lors de ce premier clic.

Le second choc, je l'ai connu quelques jours plus tard avec ma première perte ; j'ai bien cru qu'elle sonnerait le glas de ma carrière de trader. Par suite d'un bug dans une feuille Excel, l'automate de trading avait intégré une erreur dans le calcul des prix. Le temps de m'en rendre compte, c'est-à-dire quelques secondes, j'avais perdu sur une seule position 45 000 euros. Plus que mon salaire annuel ; l'équivalent du gain de deux ou trois bonnes journées de trading. J'étais mal, désespéré de mon erreur, j'avais envie de vomir. J'essuyai sans un mot la colère d'Alain qui me traita de tous les noms en me prédisant que je ne ferais pas long feu dans ce métier. Dès le soir, il relativisa la situation ; ce genre d'incident pouvait arriver à tout le monde. Mais pendant des heures, je n'étais pas parvenu à m'arracher à la certitude que le trading n'était pas fait pour un type aussi sensible que moi.

Il fallait aussi que je m'habitue au fonctionnement psychologique de mon nouveau milieu. Dans une salle de marchés, tout se sait. Lorsqu'un trader réussit une belle opération, il lève les bras en signe de victoire et manifeste une joie communicative. Les applaudissements fusent alors de toute part, le responsable accourt aux bonnes nouvelles et répercute l'information auprès de sa hiérarchie. De la même manière, tout le monde comprend lorsqu'un collègue « prend une tôle ». Dépit, bordée d'injures, gestes de colère ; je ne compte plus le nombre de souris que j'ai éclatées lorsque les choses se passaient mal pour moi. Là encore, les autres sont aux premières loges ; mais une rapide formule permet de passer à la suite : « Ça arrive à tout le monde », ou bien « Ne t'inquiète pas, tu vas te refaire ». L'empathie a ses limites. Ne pas s'occuper des ennuis d'un collègue reste la règle d'or d'une salle de marchés. Partager les bonnes nouvelles, d'accord, à condition de laisser les mauvaises au voisin. C'est son affaire, tant pis pour lui. Il se ramasse, je le plains tout en priant le ciel de ne pas connaître le même sort. Car quoi qu'il arrive sur l'écran du voisin, le mien aura toujours plus d'importance. Si je dispose de bonnes informations, je les garde pour moi. Ainsi les traders ne communiquent-ils jamais entre eux au-delà des affects premiers. Assis tous ensemble, copains en apparence, mais chacun pour soi sur le marché, et si demain tel collègue assis à quelques sièges de moi peut exploiter une erreur de ma part pour augmenter son propre résultat, il le fera sans hésiter. *Trading must go on.*

Les choses reprirent leur rythme. Je m'accoutumai peu à peu à mes nouvelles fonctions. Au bout de quelques mois, j'étais plus autonome et travaillais une centaine de produits sur les cinq cents du book d'Alain Declerck. Mes opérations étaient souvent gagnantes. Et lorsque « je faisais une paume », c'est-à-dire que je perdais de l'argent, Alain savait trouver les mots apaisants : « Va boire un café et fumer une cigarette, et rattrape-toi avec un spiel. » Je prenais alors une position spéculative sur le marché, sans couverture en face, pour une durée très courte. Exemple de spiel : je sais que telle société va annoncer ses résultats à 10 heures, et je subodore d'après certaines informations qui circulent et ma propre analyse de la valeur qu'ils vont être bons : j'achète un gros paquet d'actions sur la société pour les revendre quelques instants plus tard, lorsque le cours aura monté. Le gain est alors conséquent. Mais si mon analyse est fausse, la perte peut l'être aussi. Au début, je m'aventurai avec prudence sur le terrain du spiel. Peu à peu, enhardi à la fois par les gains engrangés et les encouragements de mon patron direct, je me sentis plus à l'aise et pris des positions spéculatives fréquentes. Mais en 2005, tout comme ce serait le cas en 2006, la presque totalité de mes opérations était couverte et conservait l'allure du trading orthodoxe, celui que revendiquent avec hauteur tous les dirigeants de banque d'investissement : chez nous, pas de spéculation...

Encore que, si l'on en juge au document de présentation fourni à tous les nouveaux arrivants du service où je travaillais, et que je reproduis ci-après, la spéculation est bel et bien revendiquée comme « source de profit ». On notera aussi qu'est autorisée la « prise

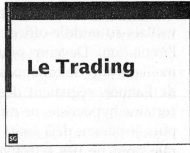

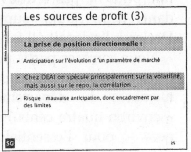

de position directionnelle », joli euphémisme pour désigner une opération faite dans une seule direction, soit sans couverture ; en réalité, une position volontairement risquée destinée à produire des gains de nature purement spéculative.

Vers la mi-février, Alain Declerck vint m'entretenir d'un point qui l'inquiétait. Il me fit clairement savoir qu'il n'était plus question pour moi de me soustraire aux « week-ends DAI » ; je devais parfaire mon intégration au sein de l'équipe, ne pas refuser ces rencontres rituelles et festives, en un mot me montrer « *corporate* ». J'acquiesçai, sans grand enthousiasme. Ah ! ces fameux week-ends regroupant tous les traders et les vendeurs du département, et dont les échos nous revenaient ensuite aux oreilles ! J'y avais déjà été convié une ou deux fois du temps où je travaillais au middle-office, mais avais toujours décliné l'invitation. Devenir pour quarante-huit heures le meilleur ami de collègues avec lesquels, tout le reste de l'année, régnaient des rapports emprunts d'une certaine hypocrisie, ne me réjouissait pas du tout. En plus, je passais déjà assez de temps à la Société Générale pour ne pas retrouver la même ambiance pendant deux jours supplémentaires. Mais Alain Declerck l'exigeait ; il fallait donc m'exécuter.

Nous sommes partis pour Deauville dans des voitures de location un vendredi soir, à cinq ou six cents membres du département des produits dérivés – environ quatre cents Français et deux cents étrangers –, pour l'essentiel des collègues traders. Le palace Royal nous était réservé. La Société Générale ne lésinait pas sur la dépense pour honorer ses traders. Après un repas et une soirée tranquilles, promenade, flânerie dans la ville, pot au bar de l'hôtel, nous avons passé notre première nuit dans l'attente des grands événements du lendemain. Détestant les réjouissances collectives et forcées, je n'ai pas été déçu. Nous fûmes d'abord conviés à divers jeux, puis à un rallye truffé de questions mystérieuses à travers la ville. Je parvins à m'en extirper rapidement pour rentrer à l'hôtel. Le soir, dîner suivi d'un concert privé donné par Yannick Noah.

Ensuite commença le grand délire, le défouloir organisé. Sketches, chansons, saynettes se succédèrent pour la plus grande joie des participants, dans une ambiance d'hilarité collective que la consommation d'alcool ne faisait qu'accroître. Comme les autres, je me retrouvai pris dans cette ambiance, riant bêtement des plaisanteries douteuses, des caricatures lourdes et des charges épaisses auxquelles j'assistais. Avec le recul, et après avoir revu la vidéo de ce soir-là, les bras m'en tombent. Tout le monde en prit pour son grade : les clients, les concurrents, nos managers eux-mêmes dont les défauts et les tics étaient tournés en ridicule ; ce qui n'empêchait pas la Société Générale d'être la meilleure banque du monde et nous, ses fidèles employés, les plus grands traders du marché. Sketches et chansons tournaient autour des mêmes thèmes : le sexe, les performances, les bonus. Christophe Mianné, coresponsable avec Luc François de la salle des marchés, prêta son nom de bon cœur à la parodie de son propre entretien d'embauche. À la question posée : « Qu'est-ce qui vous intéresse dans la finance ? », la personne qui l'incarnait n'hésita pas à répondre, avec le plus grande calme : « Le pognon. » Hurlements de joie dans la salle. La patronne du département Risque, qui devait savoir de quoi elle parlait, chantonna langoureusement : « On prend des risques au-dessus des lois... » Dans un autre sketch, le patron des vendeurs jouait au bonneteau. « Mesdames et messieurs, il s'agit pour vous comme pour les clients de trouver la marge... Où elle est passée, la marge ? Ni là... Ni là... Ah ! Elle est dans ma poche ! » Les rires tournèrent à l'hystérie. Les chansons ne déparaient pas dans le tableau général : « Si ça te plaît de jouer au baron, achète-toi une Porsche rose bonbon. » Les vannes étaient grandes ouvertes, les censures tombaient les unes après les autres. Le grand patron de notre salle de marchés, Luc François en personne, riait à gorge déployée.

Le summum de la rigolade fut atteint lors d'un autre week-end auquel je ne participai pas. J'en ai découvert le triste spectacle sur la vidéo mise en vente auprès des traders afin qu'ils ne puissent oublier les grands moments vécus ensemble. Il s'agissait d'une parodie de l'émission *Caméra Café*. Apparaissait sur l'écran un type qui arborait en guise de tête... un bouton. La ficelle était un peu grosse... Un autre sketch mettait en scène un vendeur déguisé en Daniel Bouton durant une réunion avec un dirigeant venu demander une promotion. Dans son bureau, le président s'entraînait au golf tandis que le dirigeant frappait à sa porte. Ensuite, le dialogue se voulut subtil : montrant le bras droit du sosie de Bouton : « C'est qui ça ? – Mon bras droit. – Vous voulez dire votre fusible. – Ah bon ? Mais lequel ? Celui pour les marchés ou celui pour les syndicats ? » répondit le faux président sous les éclats de rire. Toute plaisanterie au second degré contient une bonne part du premier ; ce qui faisait exploser de rire mes collègues, c'était moins le détournement du quotidien et les petits travers patronaux, y compris ceux du premier d'entre eux, que l'exposition sans complexe de vérités profondes. Les règles du marché, les obsessions des syndicats, la bêtise des clients, la hargne des concurrents... PDG, responsables et employés se retrouvaient unis pour envoyer à la poubelle tous les obstacles dérisoires qui tentaient d'entraver le développement de la meilleure banque du monde : la Société Générale. L'idée que nos plus hauts cadres avaient passé des heures à répéter leurs sketches et choisir leurs déguisements loufoques pour parvenir à une telle démonstration n'était pas sans m'atterrer. Comme le proclama l'un d'eux devant un auditoire pâmé, à Djerba : « On a voulu faire quelque chose de fou, on a loué cinq avions pour faire vivre à sept cents personnes un week-end de rêve. » Ce devait être aussi ça, l'esprit *corporate*.

Nous sommes allés nous coucher aux aurores, cuits de rigolades et d'alcool. Le dimanche fut plus tranquille : il fallait se remettre des folies de la veille. Le retour s'effectua l'après-midi dans les mêmes voitures de location. Et je me jurai de ne plus jamais participer à un week-end d'entreprise ; une promesse qui sera tenue.

Le 7 juillet 2005, je décidai de me jeter à l'eau et réalisai une première grosse opération qui permit à la banque d'empocher en quelques heures un gain de 500 000 euros ; une opération à haut risque, malgré les calculs dont je l'avais entourée. Elle se déroula durant les attentats de Londres qui, en une heure, virent quatre bombes éclater dans le métro, coûtèrent la vie à cinquante-six personnes et en blessèrent près d'un millier. Ce matin-là, ma joie de réaliser de tels gains le disputa au malaise qui m'envahit. J'avais, ni plus ni moins, fait gagner une fortune à la banque grâce au malheur d'innocents ; expérience douloureuse des rapports étranges qu'entretient le monde de la finance avec celui, bien réel, dans lequel vivent les citoyens.

Chaque trader possède ses graphiques, ses indicateurs, ses courbes et ses statistiques qui lui permettent d'élaborer des stratégies et de sentir la tendance du marché. Je ne faisais pas exception à la règle. Travaillant sur le marché allemand, j'avais pris l'habitude de suivre les cours des compagnies d'assurance, en particulier ceux du groupe Allianz. Or, à la fin juin et au début de juillet 2005, son cours subit des variations dues à des mouvements de capitaux d'une ampleur inhabituelle. Dans le même temps, je constatai que l'ensemble du marché s'orientait à la baisse. Ces constatations me rappelèrent quelque chose ; mais quoi ? Je ne tardai pas à le découvrir.

Alors que je travaillais au middle-office, en 2001, j'avais vécu les attentats du World Trade Center de New York, et la chute du marché américain qui les avait suivis. Mais celle-ci s'était accompagnée d'un phénomène étrange sur lequel un ami trader de Londres avait, à l'époque, attiré mon attention : durant les jours qui avaient précédé la catastrophe, certains produits dérivés portant sur des compagnies aériennes américaines avaient connu de forts mouvements de capitaux à Wall Street. Simple hasard, rumeurs d'attentats, information de certains agents financiers lié au Moyen-Orient… comment savoir ? Mais la réalité des chiffres était là, et la conjonction de ces différents faits m'était restée en mémoire. Lorsque, en 2005, je comparai les courbes et les mouvements sur les actions des compagnies d'aviation américaines durant les jours qui avaient précédé les attentats du 11 Septembre et ceux du groupe Allianz, je découvris certaines similitudes. L'attitude face aux marchés est souvent générée par l'examen attentif de données comparatives. C'était le cas. Je décidai donc de spéculer à la baisse sur les actions Allianz. J'allais tenter un gros spiel, une opération sans couverture, donc risquée.

Le 4 juillet, je me portai vendeur d'actions Allianz pour un nominal de 15 millions d'euros. J'espérais déboucler ma position dans la journée, afin de ne pas faire apparaître le dépassement de ma limite dans le reporting quotidien. Mais le marché n'allant pas dans le sens que j'espérais, je dus attendre. Trois jours plus tard, peu après l'ouverture des marchés, Londres commença à baisser fortement – en jargon : à « gerber ». Très vite la rumeur circula qu'une panne d'électricité paralysait le métro londonien. Alain Declerck, auquel l'opportunité n'échappa pas, prit lui aussi des futures sur le Dax, mais à l'achat, en attendant la remontée des cours. Mais très vite tomba la terrible information : des bombes venaient d'exploser dans le métro londonien. Loin de repartir à la hausse, le marché s'effondra, en Angleterre et par contamination ailleurs, entre autres en Allemagne. Je débouclai ma position et passai à l'achat en réalisant un gain de 500 000 euros. Mais Alain Declerck, qui avait opté pour la stratégie inverse, perdait beaucoup et se morfondait en répétant sa formule habituelle : « Ça sent le sapin. » Je le rassurai aussitôt : « Ne t'inquiète pas. Avec ce que je gagne, je te couvre sans problème. – Comment tu as fait ? » Je lui expliquai ma stratégie, dont il alla aussitôt informer le patron des opérations. Le soir, pour des raisons de susceptibilité, car tout le monde avait télescopé la hiérarchie, moi en ne prévenant pas Alain Declerk, lui en laissant son responsable direct hors de l'affaire, le manager de l'équipe souffla à la fois le chaud et le froid. Il nous fit part de sa réprobation face à de tels agissements, mais me félicita de mon gain. Il ajouta qu'il souhaitait connaître ma stratégie, tout en me demandant de ne plus la mettre en pratique. Quelques jours plus tard Alain Declerck me rappela que je devais me fendre d'une note explicative sur la stratégie sous-jacente à la prise de position. Le veille de mon départ en vacances, je rédigeai à son intention un mail assez vague, car aucun trader n'a envie de dévoiler ses secrets. Toutefois j'entendis la leçon et malgré le coup brillant que j'avais réalisé, décidai d'être plus prudent à l'avenir.

Je partis donc en vacances à Biarritz l'esprit serein, lorsque je reçus un coup de téléphone d'Alain Declerck : « Mon gars, je sais ce que tu as fait, un junior n'a pas à jouer en solo. On en reparlera à ton retour. » Il avait découvert dans mon système le détail des opérations et vu que j'avais pris mes positions trois jours plus tôt, sans lui en parler, ce que mon mail soi-disant explicatif ne dévoilait pas. Je ne fermai pas l'œil de la nuit, m'attendant au pire. À mon retour, dès le lundi, nous déjeunâmes ensemble. Tout en me redisant qu'il désapprouvait ma conduite, Alain Declerck m'annonça qu'il me couvrait sur cette opération. Sur ce, comme son propre responsable quelques jours plus tôt, il me complimenta et me demanda de lui développer ma stratégie. Enfin, il m'informa que ma limite de spiel était rehaussée. « Tu peux aller à un peu plus de 2 ou 3 millions dans des positions directionnelles », m'annonça-t-il, sans confirmer cette autorisation par écrit. Je n'en crus pas mes oreilles ; étrange façon de limiter le champ d'action de quelqu'un que d'accroître sa marge de manœuvre ! J'évitai donc les opérations aventureuses tout en me tenant prêt à toute éventualité future ; je savais que, désormais, en cas de gros engagements, ma hiérarchie me couvrirait.

L'épisode Allianz m'a ouvert les yeux. Grâce à lui j'ai commencé à comprendre que le monde de la finance ne fonctionne que sur des injonctions paradoxales. Les traders n'ont pas le droit de dépasser un certain plafond d'engagement ; mais dans les faits ils sont poussés à le faire. Ont-ils réalisé des gains en spéculant ? On leur rappelle qu'il ne faut pas prendre ce genre d'initiatives, tout en les félicitant de les avoir prises. Leur stratégie se révèle-t-elle dangereuse ? On leur demande de l'expliquer à leurs responsables afin que ceux-ci puissent la modéliser. Celui qui perd se retrouve-t-il placé dans une situation difficile ? Plus ses pertes sont importantes, et mieux hiérarchie et contrôleurs s'emploient à les dissimuler ou feignent de ne pas être au courant. Telle collègue, qui travaillait au front-office dans le même département que moi, s'entendit signifier lors de son entretien annuel d'évaluation par un haut dirigeant du département qu'elle était certes « un bon soldat », mais qu'elle devait « apprendre à désobéir, à sortir plus des sentiers battus ». On ne saurait mieux dire en aussi peu de mots : obéissez, mais sachez désobéir.

Car ce milieu constamment réactif où l'individualisme et la prise de risque règnent en maître est hiérarchisé à l'extrême ; comme à l'armée, chacun couvre les actes de ses inférieurs de peur d'être épinglé par ses propres supérieurs. Sans doute est-ce là l'origine de ces injonctions contradictoires ; elles

1- 2
2- 1
3- 2
4- 2
5- 3
6- 2
7- devouee, bosseuse, fiable, solide, Recherche l'efficacite, connaissance du business et des supports, credible

8- bon soldat doit apprendre a desobeir, sortir plus des sentiers battus, ne pas trop filtrer les infos cela finit par donner des doutes (il est vrai que c'est un sujet difficile), gestion de conflits

==> ⬛⬛⬛ est un element cle du dispositif, a ne surtout pas perdre, elle a su créer un pont credible et fiable entre Supports et FO : laissez la prendre son envol !

⬛⬛⬛⬛⬛⬛
Equity & Equity Derivatives
SG-CIB
⬛⬛⬛⬛

dépassent le stade des conduites et expriment la vraie nature d'un système lui-même pétri de paradoxes et de contradictions internes. On en perçoit aisément les conséquences : comment des hommes dont on attend qu'ils fassent gagner de l'argent à une banque se freineraient-ils dans leur mouvement si le système, non seulement ne les y oblige pas, mais les encourage à mi-mots et les couvre en cas d'échec ? J'ai connu cette situation tout au long de mes trois années de trading. Je me souviens d'Éric Cordelle, venant me voir un jour de 2007, et me demandant : « Comment tu as fait pour gagner tant de pognon ? » et, devant mon refus de lui développer ma stratégie, confiant ensuite à un collègue qu'il allait falloir, comme on l'a vu, « industrialiser la stratégie de trading de Jérôme »... Il est vrai qu'il était à mes côtés, le jour où j'ai effectué les cinq spiels qui générèrent un total de 1,5 millions d'euros – le tout en une heure montre en main.

Le signe le plus parlant de ces contradictions multiples, je le discerne dans l'usage qui est fait par les responsables de résultats parfois obtenus au prix d'un fonctionnement hors norme ; ceux-ci reçoivent une sorte de label officiel en devenant les objectifs futurs des traders. En 2005, Alain Declerck et moi-même devions réaliser 3 millions d'euros de gains ; nous en fîmes 5. Ce résultat devint l'objectif de 2006 ; je l'ai dépassé, réalisant des gains de 10 millions. Lesquels devinrent à leur tour mon objectif en 2007, où j'en réalisai 55, qui auraient défini l'horizon à atteindre en 2008, si les faits n'en avaient décidé autrement.

Plusieurs mois après ce premier gros spiel gagnant sur les actions Allianz, j'ai diversifié ma méthode ; toute stratégie marche un temps avant de s'éroder puis de disparaître, car à force de traiter de gros volumes, on assèche le marché. Après avoir misé sur la baisse de certains cours, j'ai donc décidé de jouer à la hausse. Je me suis intéressé aux entreprises d'énergie solaire, un secteur alors en pleine expansion en Allemagne. Comme il s'agissait de prendre des positions acheteuses, je savais que le délai de débouclage serait plus long, car une loi boursière ne souffre aucune exception : un marché monte toujours plus lentement qu'il ne baisse. Ce fut le cas : ma nouvelle stratégie ne devait porter ses fruits qu'en 2006. Mes gains se situeraient alors aux environs de 10 millions d'euros, quasi intégralement gagnés par des opérations de spiel.

Dans les relations entre trader et hiérarchie, l'entretien d'évaluation qui a lieu chaque mois de décembre constitue un moment fort. Quel que soit le poste qu'il occupe, en middle-office comme en back-office, tout employé d'une salle de marchés y a droit. Mais l'entretien ne se déroule pas de la même façon pour les uns et pour les autres. Avec les employés non traders, il ne revêt qu'un aspect qualitatif : examens de ce qui a marché ou pas, écoute des attentes de l'employé – est-il mobile, veut-il évoluer, etc. –, fixation des objectifs pour l'année à venir. Le responsable aborde à peine l'augmentation de salaire qui sera annoncée en février ou mars suivant, assortie d'un bonus. Pour moi, alors que j'étais assistant dédié, une somme plus importante : 15 000 euros bruts au plus haut.

L'entretien entre le trader et ses responsables directs, n+1 et n+2, se déroule non seulement sur un plan qualitatif, mais aussi et surtout quantitatif. Au préalable le trader a soumis à ses responsables un document écrit qui doit servir de base de discussion : résultats obtenus, difficultés rencontrées, objectifs qualitatifs pour l'année suivante. Toutes les questions doivent être abordées avec franchise. J'ai le souvenir d'une opération qui, en 2006, m'avait valu bien des déboires. Je travaillais alors un nouveau produit dont la parité traditionnelle avec l'indice de référence se situait à un centième. Le jour de sa mise sur le marché, un vendeur s'était trompé et avait établi une parité de dix dans la notice descriptive. Il me fallut deux jours pour me rendre compte de l'erreur, deux jours durant lesquels, travaillant sur l'automate, j'envoyai les ordres à la parité habituelle du centième. J'enregistrai des achats anormalement élevés, car certains clients s'étaient aperçus qu'ils pouvaient acheter un produit qui, à la revente, vaudrait dix fois plus... Le vendredi soir, nous perdions donc plus de 2 millions d'euros – dans le jargon on appelle ça « mispricer ». Mais une banque gagne toujours, même en cas d'erreur de son fait. La Bourse a annulé certaines des transactions passées pendant ces deux jours, et tandis que les vendeurs modifiaient le prospectus du produit afin de rétablir la cote au centième, nous avons suspendu la cotation du produit à la vente ; nous ne faisions plus qu'acheter, et au centième. Les clients se sont donc retrouvés « collés » ; ils ne pouvaient plus réaliser leurs gains. Parmi eux, l'un s'est plaint et a exigé son dû. Sans résultat ; il n'y a qu'au Monopoly que l'erreur de la banque se fait « en votre faveur ». Impavide, la Bourse nous soutenait. Car elle-même navigue à travers des injonctions contradictoires ; à la fois organe de régulation impartial, elle ne peut se permettre de mécontenter un partenaire de l'importance de la Société Générale. L'affaire a duré des mois, jusqu'à ce que le gros client finisse par renoncer à ses gains potentiels et vende au cours normal – d'ailleurs à perte, car en conservant une position trop longue, il avait subi la baisse du marché sur la période. Cette affaire a bien sûr donné lieu à une explication détaillée lors de mon évaluation annuelle.

À la fin de l'entretien, un point crucial fut abordé : « Combien veux-tu en bonus ? » Elle m'a surpris, car je n'avais aucune idée de la somme à laquelle je pouvais prétendre. Et cela pour une raison simple : les traders ayant interdiction de communiquer sur leurs bonus, personne ne met le « bleu » au courant des pratiques. Des sommes circulent lors de conversations informelles, mais souvent fantaisistes, sans corrélation avec les cas particuliers ; et il m'a fallu du temps pour saisir qu'un mode de calcul approximatif prenant en compte résultats obtenus, niveau hiérarchique et ancienneté, permettait de faire une proposition. À la question posée, j'ai donc donné la seule réponse qui me semblait honnête : « Je n'en sais rien. » La répartie de mes responsables fut une autre surprise : « Un trader doit savoir se *pricer.* » Comment ? Selon quels critères ? Mystère. Mais ne pas le savoir relevait d'une naïveté de ma part, à tout le moins d'une faiblesse. J'ai donc attendu le mois de février pour connaître le montant du bonus qui m'était attribué. Il fut, au titre de l'année 2005, de 30 000 euros ; une somme plutôt faible au regard de mes performances. Il est vrai que, dès l'entretien, je savais que les gains réalisés sur l'opération Allianz ne rentreraient pas dans le calcul de mon bonus, puisque j'avais pris une position non autorisée ; ce qui, au demeurant, n'avait pas empêché la Société Générale d'empocher les 500 000 euros. Mais je m'en fichais, car j'adorais ce que je faisais.

Lors de l'entretien suivant, en 2006, en réponse à la question rituelle : « Combien veux-tu ? », j'ai proposé 80 000 euros, une somme modeste par rapport aux 10 millions d'euros que j'avais fait gagner à la banque ; j'ai obtenu 60 000 euros. Il ne s'agissait plus d'injonctions, mais de comportements contradictoires. La situation confina à l'absurde en 2007. J'avais réalisé un gain total de 55 millions, c'est-à-dire plus de la moitié du résultat des huit traders de l'activité. Des rumeurs circulaient dans la salle de marchés : l'équipe à laquelle j'appartenais allait se partager des bonus records, et plus spécifiquement moi. Un trader d'un autre étage me dit un jour en fin d'année : « Avec ce que t'as ramené comme tunes cette année, t'es prêt à toucher ton million ? » Plus on approchait du moment de l'entretien individuel, plus les rumeurs grossissaient. Mais lorsque j'ai proposé un bonus de 600 000 euros – prouvant ainsi que j'avais appris à évaluer ma « *fair value* » –, la tête de mes responsables m'a aussitôt renseigné. Martial Rouyère a blêmi et lâché : « Ouf, tu es *far away*... Ton bonus sera de l'ordre de 300 000 euros. » La discussion était close. Je suis sorti du « bocal », le bureau vitré où se déroulaient les entretiens, sans un mot. Pas plus que deux ans plus tôt je n'avais d'idée précise de ce que touchaient les autres, sauf à glaner ici ou là quelques informations sur leur train de vie, l'appartement que celui-ci venait d'acheter, la voiture neuve de celui-là. Les événements ont voulu que jamais je ne connaisse l'écart entre ma demande « *far away* » et le bonus qui aurait dû m'être alloué en 2008 ; au moment de la distribution des prix, j'avais quitté l'entreprise depuis un mois et demi.

Ce n'est que plus tard, lors de l'instruction, que j'ai appris les bonus qu'avaient demandés certains de mes collègues ou responsables en 2007. J'en suis resté pantois. J'ai ainsi su qu'Éric Cordelle, mon responsable direct, avait négocié 700 000 euros, et Martial Rouyère, un peu plus de 2 millions... cela laissait supposer les montants astronomiques auxquels prétendaient les autres membres de la hiérarchie, au-delà du n+2. Ce sont pourtant eux qui, lors de l'instruction, ont pris un air naïf. Ils n'avaient pu contrôler les positions que j'avais prises, tout simplement parce qu'ils n'avaient rien vu, ou que ce n'était pas dans leur fiche de poste, ou encore parce qu'ils n'avaient pas de formation de trading... Irresponsables, *a fortiori* pas coupables selon la justice, donc dépourvus de tout état d'âme ? Je veux bien le croire. Les mauvais sketches auxquels j'avais assisté lors du week-end à Deauville dévoilaient donc l'entière réalité : plus que le travail lui-même, ce qui intéressait au premier chef traders et responsables, c'était le profit personnel qu'ils pouvaient en tirer.

L'opacité des modes d'attribution étant aussi complète que l'omerta à laquelle sont tenus les traders entre eux, le secret des bonus ne risquait pas d'être levé... Jusqu'à ce qu'en septembre 2009, le journal *Libération* publie la liste, anonyme, des différents bonus touchés par les traders en 2007 et 2008. Le lecteur put y découvrir à la fois l'énormité de certains montants et les écarts entre eux. Mes collègues ont touché entre 1 et 2 millions. Un trader, celui qui a débouclé mes positions le 24 janvier 2008 en enregistrant les pertes que l'on sait, a encaissé un bonus de 8,5 millions et demi. Quant à un autre chef de desk du pôle Arbitrage, il a touché 10,7 millions d'euros. Joints par téléphone, les intéressés ont démenti de telles sommes auprès du journal avec une belle unanimité. « Ce chiffre est totalement idiot. Cela me paraît surréaliste », a rétorqué l'un d'eux, tout en refusant de citer la somme prétenduement exacte. Un chef de desk a été plus explicite : « Monsieur, je n'ai ni le droit ni l'envie d'en discuter. Vous devrez écrire votre article sans moi. Il va falloir que je raccroche. » La Société Générale n'a pas tardé à réagir. Dès le lendemain, elle adressait à *Libération* un mail qui menaçait de porter plainte si les identités des personnes étaient révélées, car de telles « données nominatives à caractère personnel et confidentiel [...] sont susceptibles de porter atteinte à la vie privée des salariés ». On comprend leur panique : révéler à l'ensemble de ses collaborateurs et à l'opinion publique qu'à l'intérieur des salles de marchés, le ratio des primes annuelles est de 1 à 12 500, ne pouvait que mettre la banque en difficulté. Au demeurant, son communiqué ne comportait aucun démenti.

Cerise sur le gâteau : le même *Libération* révélait que le DRH de la banque avait remis aux managers un guide pratique d'entretien, intitulé *Principes de communication des rémunérations*. Son but : détailler les précautions à prendre lors de l'annonce de mauvaises nouvelles. Le principe est simple : d'abord annoncer le chiffre, ensuite le justifier – le marché local, la crise, le « principe d'équité » qui doit désormais régner... En aucun cas, le manager qui conduit l'entretien ne doit laisser de traces écrites ; en revanche, il lui faut « afficher sa solidarité avec l'entreprise et assumer la décision ». En d'autres termes : informer l'interlocuteur sans état d'âme, tout en guettant les siens. Car il convient de « faire part à votre contact RH habituel de vos commentaires et/ou de vos éventuelles difficultés ». Le tri entre employés dociles et esprits rebelles s'en trouve grandement facilité.

Lors de ces entretiens, ceux de l'évaluation en fin d'année comme ceux d'annonce du bonus trois mois plus tard, règne dans la salle de marchés une ambiance particulière. Tout le monde voit ce qui se passe sans entendre les paroles échangées, attend que le collègue sorte du « bocal » pour scruter sa tête et chercher à deviner la teneur générale de l'entretien. Le temps semble alors se suspendre, comme pendant ces parties de poker où chaque joueur s'attache à percer sur les traits du visage de ses partenaires ce qu'il a dans son jeu. Le bluff est roi. « Ça s'est bien passé pour toi ? – Bof, comme ça. » Que veut dire ce « comme ça » ? A-t-il obtenu ce qu'il attendait, ce qui signifie que l'enveloppe globale va se trouver amputée d'une somme importante que les autres ne se partageront pas ? Ou ses espoirs ont-ils été déçus, auquel cas il faudra jouer le jeu de la compassion tout en se réjouissant en secret ? Nul n'en sait rien. Certains affichent parfois leur mécontentement, critiquent la hiérarchie, parlent même de démissionner. Ce qui ne se produit jamais. Aux yeux des chasseurs de têtes, les traders à faibles bonus n'appartiennent pas au premier choix ; leurs performances doivent être médiocres, ou alors ils ne savent pas se pricer. Dans tous les cas, ils n'offrent pas le profil des *winners* que le système bancaire recherche. Car sans eux, le système n'existe pas.

CHAPITRE 6

En roue libre

AU DÉBUT de l'année 2007, l'activité de trading de produits dérivés prit encore de l'ampleur. D'où la création d'une nouvelle salle de marchés, située à un autre étage de la tour Chassagne, une des tours jumelles du siège de La Défense. Peu de temps après, en janvier, Alain Declerck donna sa démission pour rejoindre la banque HSBC qui lui proposait le poste de manager auquel il aspirait, d'autant que les rapports qu'il entretenait avec Martial Rouyère s'étaient largement dégradés. Il m'aurait bien vu le suivre, mais je n'en éprouvais pas l'envie ; je me trouvais à l'aise dans mon poste car je m'étais habitué à mon environnement professionnel et mes résultats étaient bons. Je me sentais lié à la Société Générale qui m'avait donné ma chance. Durant son préavis, que selon la coutume Alain n'a pas effectué, il passait de temps en temps à La Défense pour nous voir. J'ai encore en mémoire l'aveu qu'il me fit un jour ; il exprime mieux que tout discours l'addiction des traders à leur travail, et le regard qu'ils jettent sur lui : « Ma Game Boy me manque. » La formule me rappelle les points qu'une collègue trader avait privilégiés lors de son entretien annuel d'évaluation. À la question sur les aspects de son métier qui lui plaisaient le plus, elle répondit : « 1, le côté ludique ; 2, la rémunération ; 3, le risque = jeu amusant ; 4, le côté euphorisant quand je gagne. » Cette jeune femme, titulaire d'une maîtrise de mathématiques et ancienne élève de l'école des Mines, engageait journellement des sommes colossales sur un périmètre du pôle Arbitrage ; mais à lire des réponses aussi sommaires, on se demande si elle n'avait pas tendance, comme beaucoup d'entre nous, à confondre le métier avec un jeu de société grandeur nature.

Le départ d'Alain vers de nouveaux horizons conduisit à la nomination d'un nouveau responsable direct. Mon n+1, Éric Cordelle, prit le poste après plusieurs années passées à Tokyo. Responsable d'une équipe, il travaillait alors sur des produits financiers de haut niveau. Éric n'était pas trader dans l'âme, pour reprendre l'analyse d'un de mes collègues à son sujet. Sans doute est-ce la raison pour laquelle il s'impliqua moins qu'Alain Declerck dans le trading quotidien. En outre, je crois qu'il était foncièrement allergique au risque, « *risk averse* », comme nous disions de certains de nos responsables avec une pointe d'ironie ; toujours est-il qu'il préférait diriger son équipe plutôt que rester devant son écran. Je me suis bien entendu avec lui, même si je ne retrouvai pas la même complicité que j'avais connue avec Alain Declerck. Éric Cordelle et moi n'avions pas d'histoire commune, et donc pas les mêmes liens.

À la différence d'autres traders, je conservais une distance avec mes collègues et je répugnais à dépasser le stade de la bonne camaraderie. Seuls deux d'entre eux sont devenus des amis. Le premier, qui avait suivi le même parcours professionnel que moi, assistant au middle-office, a rapidement quitté la finance pour monter une entreprise qui vend des cuisines. L'autre, une jeune femme, était responsable au middle-office « référentiel warrants », et nous avons rapidement sympathisé. Elle est partie dans une autre filiale de la banque un peu après l'éclatement de mon affaire. D'une façon générale, les collaborateurs de la Société Générale restent environ deux ans dans un poste avant d'être nommé à un autre. La mobilité interne est donc forte, tandis qu'au niveau des plus performants la concurrence extérieure bat son plein. La plupart des traders sont des mercenaires qui n'hésitent pas à vendre leurs services aux plus offrants. Vers la fin de 2007 je me suis moi-même fait chasser par une grosse banque internationale dont j'ai refusé les offres pour les mêmes raisons que j'avais refusé celles d'Alain : mon travail me convenait.

Sous la houlette d'Éric Cordelle, le travail a continué à un rythme effréné, comme avec Alain Declerck. Et, pas plus que de son temps, je n'ai cherché à dissimuler mes activités à mes responsables. Au contraire : j'avais leur confiance. À l'été 2007, on a nommé quelqu'un pour m'assister ; je devenais en quelque sorte son trader senior, bien que je sois moi-même encore trader junior ! Et lorsque je suis parti en vacances, c'est Éric Cordelle qui s'est chargé de mon book. Un des nombreux signes que nos responsables n'ignoraient rien de nos positions : vers le milieu de l'année, Martial Rouyère, mon n+2, lança la phrase suivante dans la rangée de desk où je travaillais : « Les petits écureuils qui ont planqué des noisettes sous le tapis vont devoir les ressortir... » Entendez : Ceux qui ont gagné de l'argent et le gardent de côté doivent le mettre sur la table, ne pas jouer « perso ». On ne peut imaginer formule plus explicite sur la connaissance de nos agissements. À l'intérieur d'une salle de marchés, tout le monde sait ce qui se passe et toutes les opérations finissent par être validées.

Mon travail n'échappait pas à cette règle. En 2005, j'avais commencé par travailler des opérations de 15 millions d'euros, avec comme seul incident de parcours relevé par ma hiérarchie le titre Allianz qui ne faisait pas partie de mon périmètre d'activités. En 2006, j'avais multiplié par trois le même type d'opérations sans plus de remarques, et mes gains avaient doublé, passant de 5 à 10 millions. À la fin de cette même année, j'avais pris ma première grosse position à la vente sur les indices, en l'espèce le Dax allemand, pour plusieurs centaines de millions. Je l'ai portée jusqu'à la mi-février, où un bref mouvement de panique m'a permis de déboucler et de gagner, cette fois-ci, 20 millions d'euros. J'étais heureux. Mon objectif pour 2007 ayant été fixé à 10 millions, je l'avais doublé en seulement un mois et demi. J'étais donc tranquille.

Mais une autre opportunité de spiel se présenta bientôt. En mars, la question des subprimes commença à agiter le monde bancaire. Prendre de fortes positions à la vente sur des contrats liés à ces subprimes me parut la stratégie à adopter. Je me remémorai alors la phrase du gérant du temps de mon stage à Nantes ; je n'avais plus entendu ce mot depuis sept ans, et il fit *tilt* immédiatement. Le marché n'allait pas tarder à connaître un mouvement à la baisse, j'en étais certain, la prédiction n'allait pas tarder à se réaliser. Cette fois j'engageai progressivement rien moins que la somme de 30 milliards d'euros. Mais le marché ne se retourna pas immédiatement. Il me fallut donc continuer à porter cette position colossale. Je l'ai fait, de mars à juillet. À ce moment mes pertes latentes se montaient à la somme, elle aussi colossale, de deux milliards. Toutes mes anticipations se révélaient fausses. Depuis des mois je spéculais à la baisse, convaincu que la crise des subprimes allait déclencher une chute des marchés. Mais, contre toute attente, ceux-ci tenaient toujours bon. Je dormais mal. Combien de temps encore pourrais-je tenir sans déboucler l'opération ?

Et puis soudain, en juillet, le retournement s'est opéré de façon brutale, frôlant même la panique lorsque la BNP a annoncé qu'elle ne parvenait plus à calculer la valeur liquidative de certains de ses actifs. J'ai alors débouclé ma position, enregistrant un gain de 500 millions d'euros. Mais très vite, je pensai que le mouvement de baisse n'allait pas en rester là. Alors qu'après cette chute brutale le marché commençait à rebondir, je repris donc une nouvelle position vendeuse pour 30 milliards. Au bout d'un mois, nouveau débouclage, et gain, cette fois-ci, de près de 1 milliard. Je développais de nouvelles stratégies de trading, et je passais mes journées les yeux rivés sur l'écran a faire des spiels non-stop de 8 heures du matin à 20 heures ou 22 heures. Le marché continua à baisser, je débouclai, rachetai à nouveau dans l'attente d'une nouvelle baisse... C'était devenu une ivresse. Chacun de mes spiels faisait empocher à la banque des sommes de plus en plus énormes. Je gagnais tous les jours des centaines de milliers d'euros, souvent des millions. Jusqu'à la fin de l'année, ces gains ne firent que croître. Non seulement j'effaçai toutes mes pertes latentes et repassai en positif, mais c'est 1 milliard et demi d'euros qui s'inscrivirent à mon compteur en fin d'année – cette fameuse somme que je voulus basculer sur l'année suivante, comme je l'ai déjà expliqué, et dont certains hauts dirigeants de la Société Générale, au mois de janvier 2008, ne parvinrent pas à croire à l'existence.

Tout au long de 2007 j'ai ainsi effectué plusieurs centaines d'opérations par jour, sans compter celles que je passais par téléphone auprès d'un des courtiers de la banque, Moussa Bakir. Je n'avais aucune raison d'agir ainsi ; toutes les opérations sur le marché devaient être passées sur l'automate. Mais ce mode de travail me faisait gagner du temps. J'opérais donc sur trois fronts : l'automate pour les opérations de market-making qu'on attendait de moi, le spiel pour engranger du gain – durant l'année 2007, les opérations spéculatives ont dû occuper les neuf dixièmes de mon temps –, et Moussa Bakir pour élargir mon périmètre. Moussa et moi nous appelions plusieurs fois par jour, alors que la nature de mon activité aurait dû me mettre en contact avec lui tout au plus une fois par trimestre sur des opérations délicates. Notre collaboration était si étroite que, parfois le matin, il me joignait sur mon portable avant même que j'arrive à la Société Générale pour me parler des tendances du marché et des opportunités qu'il avait décelées. Là non plus, aucun responsable – ceux-là même qui validaient les résultats en me disant tous les soirs : « Alors ça laisse ? » – ne m'a jamais fixé de limites ni même proféré de mise en garde. Je travaillais avec un courtier, je spéculais sans commune mesure avec la pratique de mes collègues, j'outrepassais à la fois les fonctions qu'on m'avait officiellement attribuées et les pseudo-limites financières qu'on m'avait fixées ; mais tout cela restait virtuel, sans connexion avec la réalité de mon travail dont on me félicitait lorsque les résultats étaient bons. En navigant entre les injonctions paradoxales qu'on m'envoyait, je poussais le système au bout de lui-même. Quant aux méthodes que j'utilisais, je ne les avais pas découvertes tout seul ; elles étaient pratiquées autour de moi, mais sans doute pas dans les proportions où moi-même je les menais. Pourquoi, dans ces conditions, aucune des alertes reçues par mes managers n'a entraîné de conséquence visant à m'arrêter ?

De nombreux signes auraient dû pousser ma hiérarchie et des contrôleurs à agir, tellement il était évident que je n'étais plus un market-maker mais un spéculateur. Le premier apparaît lorsqu'un trader dépasse les limites en nominal fixées par le manager. Ce dernier suit sur son écran les opérations effectuées par les membres de son équipe, et grâce à un mot de passe personnel, lui seul possède le pouvoir de modifier le plafond d'encours de chacun. Lorsque celui-ci est atteint, un voyant d'alerte s'allume et, sauf si le manager a choisi de ne pas l'activer, le système se bloque, rendant aussitôt toute opération impossible. Si cette première alerte ne fonctionne pas, ce qui fut le cas avec mes diverses opérations en flagrant dépassement, c'est que le manager a refusé de le voir en désactivant le contrôle ou a remonté le plafond si haut qu'aucune alarme ne peut l'atteindre. Je n'étais évidemment pas le seul à opérer de tels dépassements ; l'un de mes collègues usait même d'une formule, « il faut bourrer la mule le plus vite possible », ce qui décrit en termes imagées la nature des pratiques en la matière. C'est ce même collègue, lors de son entretien annuel d'évaluation, qui s'est entendu complimenter par l'un de ses responsables pour sa « bonne vision des risques ».

Le second moyen de contrôle, plus technique mais aussi efficace que le premier, puisque n'importe quel assistant de salle de marchés peut en comprendre le sens au premier regard, tient en une formule : l'examen des « écarts de méthode ». La formule recouvre une réalité banale. Lorsque l'on opère sur le marché à terme, comme c'était mon cas, on se trouve confronté pour un même produit à deux prix. Le premier est le « prix du marché », c'est-à-dire le prix du produit fixé par la cote officielle. L'autre, appelé « prix théorique », représente celui que la banque calcule au jour le jour et qui prend en compte le prix de ce produit au comptant, auquel vient s'ajouter le « portage », c'est-à-dire le coût engendré par la couverture pour arriver jusqu'au terme. On se doute que, si la cotation est bien faite, les deux prix doivent presque coïncider. Un très faible écart entre les deux, de 0,1 ou 0,2 points, ne peut être dû qu'à la signature d'un organisme bancaire important qui arrive à obtenir un prix de portage légèrement inférieur à celui qu'a calculé le marché. Ce différentiel entre les deux prix est appelé « écart de méthode », puisqu'il résulte de deux modes d'appréciation d'une même valeur : celle du marché, et celle, plus technique, de la banque. Le trader travaille un produit en appliquant le « modèle théorique », celui qui correspond aux calculs internes de la banque, mais le back-office, en tant qu'organe de contrôle et d'officialisation des comptes, ne connaît que le prix du marché. Lorsque les opérations des traders lui parviennent, les gens chargés de contrôler les comptes discernent donc entre ces deux prix une très légère différence, de l'ordre de 1/1000. Ils opèrent alors un « ajustement » d'écriture afin de ramener cet écart à zéro et de corriger l'écart de résultat engendré par ces différences.

Dans le cadre de mes opérations, le middle-office, les contrôleurs financiers et mes managers ont constaté tout au long de 2007 de multiples écarts de méthode, comme dans les opérations des mes autres collègues. Sauf que les miens étaient complètement atypiques. Le premier, en mars 2007, se montait à 8 millions d'euros ; un autre mois il atteignit plus de 15 millions d'euros. Une telle somme induisait que le montant nominal sous-jacent ne pouvait être que massif, aux environs d'une quinzaine de milliards d'euros. Mon supérieur direct, Éric Cordelle, affirma ne pas l'avoir vu. Martial Rouyère et Philippe Baboulin, respectivement n+2 et n+3, n'auraient rien vu non plus. Les contrôleurs financiers, de leur côté, alertaient chaque mois de la croissance anormale du chiffre. D'autres écarts de méthode apparurent jusqu'en juillet 2007, et pour des montants de plus en plus gros, jusqu'à représenter soixante fois les montants habituels. Le contrôle financier nous a alors tous interrogés, non sur la nature et l'importance des opérations, mais... sur la manière de réduire l'écart pour présenter aux commissaires aux comptes des chiffres conformes ! Après avoir tâtonné, décision fut prise par mes supérieurs d'appliquer en back-office le « prix théorique » calculé par le modèle interne ; dérogation qui ne peut se faire que dans des cas bien particuliers et avec l'accord des commissaires aux comptes, lesquels ont dû avaliser ce changement de règle de calcul sans lever plus de questions que ne s'en étaient posées mes supérieurs directs. Le comptable du back-office a alors pu annoncer à mon responsable que l'écart était traité.

Autre signe qui aurait dû alerter mes managers : l'examen des soldes de trésorerie dont ces mêmes managers recevaient chaque matin l'état. Le graphique ci-contre, établi sur la base des données fournies pendant l'instruction, montre les niveaux et l'évolution des soldes de trésorerie de mon périmètre, ainsi que ceux de collègues ayant la même activité que moi. En gras, la ligne de mon solde de trésorerie, dont on peut constater qu'il varie entre moins deux milliards et plus d'un milliard et demi. En pointillés, celles de mes collègues, dont l'évolution et les montants ne présentent aucune similitude avec les miens. Alors que, dès juillet 2007, la crise commençait à frapper toutes les banques et que les liquidités se faisaient plus rares, comment imaginer que ces montants exorbitants aient pu échapper à des managers dont la principale occupation était de piloter cet indicateur ? Éric Cordelle avouera pendant l'instruction qu'il avait eu connaissance du montant de trésorerie de 1,4 milliards d'euros mais ne pensait pas qu'il s'agissait de résultat... Pour sa défense il dira qu'il pensait que c'était... un emprunt ! Bien entendu, il est tout à fait normal d'emprunter un milliard et demi et de le laisser dormir sur un compte...

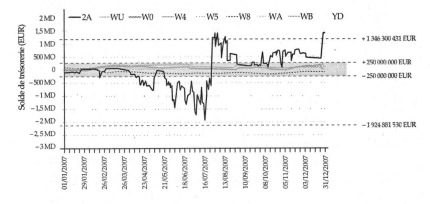

Me revient cette anecdote : au mois de juillet 2007, un nouvel écart apparut, du fait des opérations fictives que j'avais saisies, entre le résultat que j'avais déclaré à mes managers et celui constaté en comptabilité. Il manquait 5,2 millions d'euros. Je fis alors une demande d'ajustement comptable afin de créditer mon résultat de cette même somme. Ma demande fut relayée auprès du patron de la salle des marchés par mon management qui argua d'un problème technique, et elle fut acceptée sans autre forme de procès.

Cela me sidéra car l'explication fournie ne pouvait abuser quiconque possédant un embryon de culture financière ; *a fortiori*, le patron de la salle de marchés en personne.

Autre indicateur, et non des moindres : lorsque je prenais des positions spéculatives, je le faisais à partir de l'automate de trading. Une fois ma demande traitée, la Bourse retournait à la Société Générale la confirmation de l'exécution des ordres, qui étaient alors automatiquement intégrés dans tous les outils de la banque pour être traités par les services de contrôle dès le lendemain matin. Lorsque les opérations n'étaient pas débouclées dans la journée, je saisissais le soir ou le lendemain directement dans le système Eliot des transactions en sens inverse. Comment m'y prenais-je ? Je simulais de les traiter face à un nouveau courtier non connu de la banque. Sauf que la contrepartie était fictive et n'existait que pour masquer mon spiel dans l'outil du front-office. J'inventais donc, pour les besoins d'un contrôle, une opération de couverture auprès d'une contrepartie fictive. Concrètement, cela signifie ceci : j'étais en spéculation sur l'achat de x futures de l'indice y, je saisissais donc manuellement une opération fictive où je vendais x futures de l'indice y à un courtier inconnu de la banque ; ce qui couvrait ma position et donnait zéro dans le système du front-office. De ces deux opérations, l'une, la vraie, partait directement au back-office et les paiements à la contrepartie était normalement faits dès le lendemain, mais la fictive restait bloquée dans la base tampon. Dans cette base informatique, les opérations pour lesquelles certaines informations nécessaires au traitement n'étaient pas renseignées – par exemple l'identité de la contrepartie du courtier, ou le mouvement financier qui aurait dû l'accompagner – attendaient la suite des informations et étaient une à une quotidiennement contrôlées jusqu'à leur traitement final par plusieurs services en charge de la validation et du paiement aux contreparties.

Il faut savoir aussi que, quand on achète un future, le versement du dépôt initial doit être effectué le lendemain, puis quotidiennement en fonction des fluctuations des cours à défaut de quoi la position est soldée par la Bourse. En conséquence, si des opérations sur les futures restent dans la base tampon, cela veut dire qu'il n'y a pas de paiement, donc que ces opérations sont fictives, ou, à tout le moins, que ce sont des opérations qui méritent que l'on y regarde à deux fois. Certaines des miennes restèrent vingt jours en attente dans cette base sans que nul ne s'en étonne alors que leurs montants ont atteint jusqu'à 30 milliards d'euros. Je ne renseignais donc jamais rien, puisqu'il n'y avait rien à renseigner : ni identité de la contrepartie, ni paiement par elle. La banque quant à elle ne payait jamais la contrepartie quand bien même plus de vingt jours s'étaient écoulés depuis la date de paiement prévue, et ne se souciait jamais de savoir à qui elle devait cet argent…

J'ai ainsi pris, au cours de deux périodes de cette même année 2007, des positions spéculatives énormes sans que personne, ni mes managers, ni les contrôleurs chargés d'examiner la base tampon, ni ceux du back-office, ne s'en inquiète outre mesure.

Les informations restaient bloquées dans la base tampon jusqu'à ce que je déboucle ma position. Le premier écart important entre le résultat comptable et le résultat économique validé par mes responsables apparut en mars 2007. Il se montait à 94 millions (88 + 6, comme on le lit sur le document ci-après [1]). Ma hiérarchie fut alertée et, comme on le voit dans le document, le terme d'« opérations fictives » est d'ores et déjà prononcé. Ce n'est donc pas sans raison que le mail est titré « Important »...

	/fr/socgen		
16/04/2007 13:13		To	Philippe BABOULIN/eqty/fr/socgen@socgen, Martial ROUYERE/fr/socgen@socgen
		cc	/ress/fr/socgen@socgen, /fr/socgen@socgen, /fr/socgen@socgen,
		bcc	
		Subject	IMPORTANT écarts sur futurs et fwd du 2A [C1]

Bonjour,

Ce mail pour vous informer que nous avons 88 Mios d'euros d'écarts FO / CO sur trois futurs dax juin du gop 2A et 6Mios d'eur sur un Forward booké face à Click Option au 30/03/2007

Ces écarts sont du au fait que :
Ces futurs sont en pending et ne redescendent dc pas en comptabilité
Le forward est booké face à Click Option qui ne reconnaît pas l'opération en inter co nous devons donc l'annuler comptablement

Ces futurs/fwd sont des opérations "fictives" bookées à l'atteinte de la barrière sur les warrants knokés pour équilibrer le ptf en valo et en AR tant que la constatation du spot ne permet pas d'évaluer la valeur de rachat du warrant

Le trader est en cours de transmission de la liste des warrants impactés sans cela avant le début de l'après midi. Risq ne pourra pas déterminer les prix corrects et donc nous ne serons pas en mesure de réaffecter la valorisation des futurs et forward fictifs sur la valorisation des warrants

Merci de votre vigilance sur le sujet

1. Le terme « gop 2A » désigne mon « groupe de portefeuille », en clair mon activité. Le terme de « pending » sert à qualifier une opération en attente que la contrepartie soit renseignée dans le système.

Pourtant Martial Rouyère et Philippe Baboulin s'exprimèrent peu. La seule réflexion, hâtive, vint de Philippe Baboulin : « C'est quoi, ça, cet écart ? Tu te démerdes, tu règles le problème. » Je fournis donc par mail une vague réponse au middle-office chargé de contrôler le résultat. Il s'agissait, écrivis-je, d'opérations sur des futures pas encore couvertes à cause de problèmes liés à la gestion de mon book ; le prix serait calculé d'ici cinq jours. Dans l'attente j'avais saisi une identité quelconque dans le système pour compenser. Cela était assez fumeux mais ils acceptèrent mon explication, et le patron du risque valida l'opération et fit procéder aux ajustements nécessaires en la passant au compte des « opérations diverses ». Philippe Baboulin, après ce mail d'explication, me lança même : « OK, bien joué. Il faudra néanmoins blinder le process pour la suite. » Ce que, bien sûr, je n'ai pas fait ; loin de « blinder le process », j'ai amplifié les opérations fictives sans susciter plus d'inquiétude autour de moi. Tous les niveaux hiérarchiques étaient informés de la présence d'opérations fictives sur mon périmètre, comme le confirma ultérieurement la responsable du service comptable lors de son audition à la brigade financière. À la question du policier : « Pour en revenir aux opérations analysées dans le cadre de l'arrêté comptable de mars 2007, dans quelle mesure d'autres personnes ont-elles été informées du caractère fictif de ces opérations ? », la réponse fut : « En fait, PNL (middle-office en charge du contrôle des résultats), ACFI (contrôleurs financiers) et le FO (managers de JK) savaient qu'il s'agissait d'opérations fictives. » Bref, tout le monde était informé mais personne ne réagissait malgré le caractère totalement invraisemblable de la situation.

Un mois plus tard, un nouveau mail d'alerte parvint, cette fois, à mes trois supérieurs hiérarchiques directs, Éric Cordelle, Martial Rouyère et Philippe Baboulin. Ce n'étaient plus 94 millions qui posaient problème aux contrôleurs, mais 142 millions qui manquaient dans les comptes. Au moment où je lisais la copie que je venais de recevoir, je vis Éric Cordelle se lever de son poste de travail pour s'entretenir avec Martial Rouyère. Je revois avec précision cet instant : tous deux se tournent vers moi, nos regards se croisent, je m'attends à ce que l'un d'eux s'approche pour me parler... Mais rien ne se produisit. À la question posée par le service comptabilité : « Pouvons-nous renouveler le traitement passerelle du mois dernier ? », une réponse affirmative fut donnée par mes chefs ; ce qui revenait à pérenniser la décision prise en mars 2007.

Avec le recul, je me rends compte que, ce jour-là, je n'attendais qu'une chose : qu'on vienne me voir, le cas échéant pour m'engueuler, ou à tout le moins pour m'exposer le problème ; et qu'on mette un terme à la course folle dans laquelle j'étais en train de me précipiter. Je sentais obscurément que je dépassais les limites du raisonnable, mais je ne voyais pas comment stopper la machine. Et puis, exiger l'arrêt de ce genre d'opérations aurait signifié que de nombreuses personnes en avaient une parfaite connaissance ; quel était leur intérêt à se dévoiler, alors qu'ils étaient eux-mêmes un rouage de cet engrenage ? En mai comme en avril, et ensuite en juin et en juillet, mes responsables et les contrôleurs financiers détectèrent ainsi des transactions fictives pour des montants exorbitants et choisirent de passer en comptabilité des écritures de résultats pour les mêmes montants. Ils savaient parfaitement ce qu'ils faisaient.

Au total, durant l'année 2007, ce ne sont pas loin de mille opérations de pur spiel que j'ai menées. Les montants des engagements étaient variables, mais, je l'ai dit, montèrent à deux reprises à 30 milliards d'euros. Pour chacune, je rentrais dans le système une contrepartie fictive. Pendant la même période, je crois avoir reçu en tout et pour tout trois mails m'interrogeant sur l'identité du courtier. Jamais je n'ai entendu la moindre remarque sur mes choix qui aille au-delà des questions du back-office. Durant l'instruction, mes responsables, pour justifier leur inertie, ont mis en avant les explications les plus diverses : l'un était en déplacement à New York et n'a pas eu connaissance des premiers 30 milliards ; il est vrai qu'il était à Paris lors de la seconde affaire, pour à nouveau 30 milliards, mais au motif que la première opération avait été validée par ses supérieurs, il n'a rien dit. Quant à l'autre, il n'a pas lu le paragraphe des contrôleurs mentionnant la somme posant problème. Comment ne pas en déduire que le souci de mes responsables n'était nullement : comment faire pour que cela ne se reproduise plus, mais : comment faire pour que cela ne se voie pas, ou plutôt : comment faire pour rester en dehors du coup afin qu'on ne puisse rien trouver à leur reprocher par la suite ?

Ma vie de trader avait débuté dans l'angoisse ; celle qu'avait suscitée la comparaison entre les sommes que je manipulais et la vie concrète. Peu à peu, je m'y étais habitué jusqu'à ne plus les voir. Anesthésié par une sorte d'inconscience et le tourbillon des gains que j'engrangeais mois après mois, j'avais tenté d'agir au mieux dans un sens favorable à la banque. Les événements qui survinrent en janvier 2008 m'arrachèrent à ce rêve pour me ramener à la réalité ; celle de la fragilité du système et de ma propre vulnérabilité, de la perte d'emploi, du tintamarre médiatique, des attaques infondées, de la justice. J'avais connu de vraies émotions, mais je les payais au prix fort.

M'étais-je au moins enrichi ? J'avais vécu confortablement, rien de plus. Au moment où mon affaire éclata, en janvier 2008, mon salaire brut annuel tournait autour de 50 000 euros.

LA JUSTICE

CHAPITRE 7

La garde à vue

J E ME SUIS LEVÉ, le vendredi 25 janvier 2008, sans avoir réussi à fermer l'œil de la nuit. La veille, j'avais reçu de plein fouet le communiqué de la Société Générale et les rumeurs qui lui avaient fait cortège tout au long de la journée. Il avait fallu démentir ma fuite, trouver un avocat, mettre au point les premiers éléments de ma défense. Ma mère, mon frère et moi nous étions couchés très tard, zappant de chaîne en chaîne, glanant au hasard des journaux et des interviews les commentaires les plus incongrus. Des spécialistes de la finance que je connaissais plus ou moins me chargeaient allègrement. Dans la mesure où la plupart appartenaient à des cabinets de consultants qui travaillaient pour la Société Générale, j'estimais que leur neutralité était pour le moins suspecte ; mais malgré une faible expérience des salles de marchés, ils ne pêchaient pas par excès de prudence. Si on les croyait, j'avais eu un comportement scandaleux au sein d'une profession où transparence et contrôles régnaient en maîtres ; j'avais fait perdre à la banque des sommes considérables sans la moindre vergogne et m'étais comporté comme un voyou.

J'étais le mouton noir au milieu du troupeau blanc. Tout cela m'agaçait plus que cela ne m'affectait. Par experts interposés, la Société Générale tentait de contenir l'incendie qu'elle avait elle-même allumé en communiquant sur l'affaire.

J'étais surtout préoccupé par ce qui m'attendait concrètement. Comment allais-je échapper aux journalistes qui avaient déjà commencé leur traque – puisque je n'étais pas en fuite, c'est que j'étais toujours à Paris, mais où ? Quelles nouvelles attaques allais-je essuyer ? À quoi ressembleraient les interrogatoires policiers ? Comment ma mère ressentait-elle les choses ? Tiendrait-elle le coup devant un tel déferlement médiatique ? Dans la même minute je passais de la panique à l'exaspération face aux mensonges que déversait la presse. J'avais l'impression que ma tête était doublement mise à prix, d'abord par des journalistes capables de tout pour obtenir ma photo, ensuite par la banque qui voulait m'abattre.

Un point me toucha plus que tout le reste dans le tintamarre général : les insinuations de certains journalistes concernant ma famille. À les entendre, j'aurais été gravement perturbé par la mort de mon père, survenue à la même époque où mon frère rencontrait des problèmes avec son propre employeur ; tout se serait alors cumulé pour me rendre plus fragile dans mon travail. On cherchait à m'inscrire dans une histoire familiale pathologique, ce que je ne supportais pas. Mon affaire ne concernait que ma vie professionnelle ; et mon passé, devenu l'objet d'une reconstitution fantaisiste, n'avait rien à y voir. Mon père était mort en 2006, à plus de 70 ans, des suites d'une longue maladie, après une vie tranquille passée au sein de sa famille. J'avais vécu ce deuil comme tout fils vit la mort de son père, mais avec un chagrin d'autant plus profond que je me reprochais de ne pas avoir été plus présent à ses côtés durant sa maladie. Je n'avais pas su trouver le temps d'aller le voir, de parler avec lui, d'être à ses côtés dans les dernières semaines de sa vie, tellement j'étais absorbé par mon travail à la Société Générale. Aussi, lorsque la nouvelle de sa mort arriva, je ne trouvai pas d'autre remède à ma douleur que de me précipiter encore plus dans mon travail pour fuir ce que je n'avais pas su voir. La Société Générale était devenue mon refuge, la bulle dans laquelle je n'avais plus à affronter ma propre vie. Ce n'est que quelques jours plus tard, lorsque je me rendis à l'enterrement, que je pris la véritable mesure de ce qui arrivait. J'éclatai en sanglots devant la dépouille de mon père. Désormais j'étais orphelin, et quelle que soit ma capacité à mettre le monde réel entre parenthèses, la douzaine d'heures journalières passées à la Société Générale ne pouvait me le faire oublier. Mais aussitôt rentré à Paris, le tourbillon recommença de façon frénétique. Je repartis tête baissée dans le travail.

Ce qui me souciait maintenant, c'est que toutes ces insinuations sur ma vie personnelle pouvaient affecter ma mère en réactivant la douleur de son deuil et ses difficultés à se retrouver seule, tournant et retournant dans la grande maison familiale vide. C'est une personne discrète, qui extériorise peu ses sentiments et ses émotions, comme moi. Comment vivait-elle tout cela ? Elle devait repartir pour la Bretagne quelques jours plus tard, et je me souciais de toutes ces rumeurs qui ne manqueraient pas de l'atteindre. Mon vœu était que sa vie tranquille la protège. Ma mère n'était pas du genre à rester devant son écran de télé ou à dévorer la presse pendant des heures, elle ignorait Internet et le qu'en dira-t-on la laissait de marbre. Elle réalisait donc avec peine l'ampleur de la tempête qui déferlait, et si le peu qu'elle en saisissait était déjà énorme, j'espérais qu'elle parviendrait à s'y soustraire. Par bonheur, c'est ce qui se produisit, et elle ne devint pas la victime collatérale de la guerre engagée par la Société Générale. Mais durant des jours, je ressentis la blessure de propos intrusifs et déplacés sur ma famille. Je me revois adressant à mon amie un sms écrit sous l'emprise de la colère : ceux qui avaient osé toucher à mes proches risquaient de le payer très cher.

Le vendredi matin, afin de déjouer la traque des journalistes installés devant son cabinet, maître Meyer me donna rendez-vous dans les bureaux d'un ami à elle, expert en informatique, à Levallois. Il était hors de question de m'y rendre en métro, ni de commander un taxi par téléphone et de donner ainsi l'adresse d'un Kerviel. Nous voilà donc tous deux, mon frère et moi, en train d'arpenter le trottoir du quartier Saint-Lazare à la recherche d'un taxi. Je marchais dans la rue, tête baissée, en proie à un début de panique, convaincu d'être le point de convergence de tous les regards et que le moindre passant me reconnaissait. Nous arrêtâmes un taxi. Durant le trajet, tassé sur la banquette, je pris soin de ne pas croiser le regard du chauffeur dans le rétroviseur.

Je retrouvai comme convenu Élisabeth Meyer et l'expert informatique, et durant une bonne partie de la journée leur expliquai mon métier ; la technicité du trading, les opérations que j'avais menées et celles dont je n'étais pas responsable, les éléments qui prouvaient que de nombreuses personnes de la Société Générale avaient toujours eu une complète connaissance de mes actes. Depuis la veille je savais que la banque avait déposé une plainte dont nous ignorions encore le contenu. Maître Meyer n'était pas pénaliste ; le dossier lui apparut d'emblée lourd et très technique. Comme l'expert connaissait bien le monde judiciaire et travaillait avec de nombreux avocats, il nous proposa de prendre contact avec un « ténor du barreau », selon la formule consacrée, afin de nous épauler. Ce fut le bâtonnier en exercice, Christian Charrière-Bournazel. Il nous fixa un rendez-vous dès le lendemain matin samedi, à son cabinet de l'avenue Foch.

La convocation pour la garde à vue tomba dans la journée ; je devais me présenter à la brigade financière le lendemain, samedi 26 janvier, à 15 heures. La nouvelle me créa un violent choc. C'était la première fois de ma vie que j'avais affaire à la police. Maître Meyer me rassura comme elle put, m'expliquant que l'audition par les services de police constituait la suite logique du dépôt de plainte. Le soir, il fut convenu que je dormirais chez l'expert, à la fois pour brouiller les pistes et me rendre tôt le lendemain chez maître Charrière-Bournazel. Durant le dîner qui nous réunit à quatre, l'expert, son épouse, un de leurs fils et moi-même, un sms de mon amie m'annonça que la police était en train de perquisitionner à mon domicile ; elle venait d'entendre la nouvelle à la télévision. Ma réaction fut d'emblée de colère. Les policiers auraient tout de même pu me demander la clé ! Je la leur aurais donnée sans problème, n'ayant rien à cacher. Au lieu de cela, ils avaient dû faire sauter la serrure de sécurité, et mon appartement ne serait plus protégé. N'importe qui voulant pénétrer chez moi pourrait tranquillement le faire, alors que moi, j'étais dans l'impossibilité d'y retourner. En plus, hors de question d'y dépêcher un proche, car il serait assailli par les nombreux journalistes stationnant devant chez moi...

Quelques jours après fuita dans la presse le détail du contenu de mon appartement, avec des amalgames que je trouvai particulièrement scandaleux. Les policiers s'étaient étendus auprès des médias sur le fait qu'ils avaient découvert chez moi... un Coran ! Cette intrusion dans ma vie personnelle me choqua ; surtout après les propos tenus par certains dirigeants de la banque, et repris par des médias, qui me traitaient de terroriste, allant même jusqu'à évoquer des liens que j'aurais entretenus avec Al Qaida. C'était bien sûr de la pure invention. Il se trouve que je m'intéresse à la religion musulmane, que j'ai toujours cherché à en comprendre l'esprit, et apprécie la lecture toujours enrichissante de son livre sacré. J'étais scandalisé de l'amalgame fait par certains journalistes. Je me posais de nombreuses questions. En quoi est-ce suspect d'avoir un Coran chez soi ? En quoi est-ce suspect de s'intéresser à la religion musulmane et de s'en sentir proche ? Comment osait-on mettre la religion au centre d'une affaire financière ? Je trouvais le procédé abject et insultant pour tous les musulmans.

Je me couchai, épuisé, et tentai de dormir. J'y parvins mal. L'attente des événements à venir, l'inquiétude du futur, l'impression de me retrouver penché au-dessus d'un gouffre dont je ne pouvais voir le fond, tout cela tournait dans ma tête et prenait au fil des heures des proportions inouïes. Le samedi matin, l'expert et moi partîmes à pied pour rejoindre le cabinet de maître Charrière-Bournazel. Il était aux environs de 7 h 30, le jour commençait à peine à se lever, les rues de Paris étaient encore calmes, nous traversions des quartiers élégants qui paraissaient à l'écart de l'agitation de la ville. Un fort sentiment m'a alors étreint. Depuis plusieurs jours les nouvelles catastrophiques n'avaient cessé de tomber, cela faisait plusieurs nuits que je ne parvenais pas à dormir, et l'après-midi, je devais partir en garde à vue ; pourtant je me sentais serein, comme détaché des événements. Nous nous sommes arrêtés pour prendre des cigarettes, et tandis que l'expert entrait dans le tabac, je l'attendis sur le trottoir. Les voitures étaient encore rares et les passants peu nombreux. Seuls quelques oiseaux piaillaient dans les arbres au milieu du silence environnant. Pendant quelques secondes j'ai fermé les yeux afin de savourer cette pause au milieu de la tempête. Et j'ai pensé que la vie pouvait être aussi merveilleuse qu'imprévisible.

Maître Meyer nous attendait au cabinet de Christian Charrière-Bournazel. Le premier contact avec son confrère fut positif. Je répondis d'abord aux différentes questions qu'il me posa sur mon dossier, et comme depuis deux jours avec Élisabeth Meyer, racontai une nouvelle fois l'histoire et le déroulé des faits. Ensuite le bâtonnier m'expliqua ce qui m'attendait. La technique de la garde à vue était toujours la même ; les policiers de la brigade financière tenteraient sans doute de m'atteindre psychologiquement. Fouilles, questionnaire d'identité, mise en cellule... Maître Charrière-Bournazel ne me dissimula rien de l'épreuve que constituerait cette garde à vue. Je l'écoutais avec la plus grande attention, tout en éprouvant le sentiment que tout ce qu'il décrivait allait arriver à quelqu'un d'autre, en aucun cas à moi. C'était étrange ; depuis une semaine, alternaient des moments où je me vivais comme au centre des choses avec ceux où, au contraire, j'avais l'impression de regarder les événements de loin, comme si je n'en étais que l'observateur et pas le principal protagoniste. C'était le cas à ce moment ; je n'arrivais pas à me convaincre que ce que maître Charrière-Bournazel me racontait me concernait directement.

Sur ses conseils j'avalai un sandwich pour ne pas me présenter à la brigade financière le ventre vide, et le moment de partir arriva. Maître Meyer avait négocié avec les policiers une rencontre discrète afin de prendre de court les journalistes, qui devaient déjà faire le pied de grue rue du Château-des-Rentiers. Vers 13 heures nous partîmes tous les deux en taxi vers une petite place du 13e arrondissement située pas très loin de la brigade. Je continuai à me dissimuler aux regards, tout en songeant que le visage d'Élisabeth Meyer était désormais connu et que mes efforts de discrétion étaient probablement vains. Arrivé au lieu de rendez-vous, le chauffeur s'arrêta. Deux hommes sortirent d'une voiture et vinrent vers le taxi en jetant des regards circulaires, à la grande surprise de notre chauffeur. Il n'eut pas le temps de nous questionner ; nous étions déjà sur le trottoir. Les deux policiers nous ouvrirent la portière d'une camionnette aux vitres teintées, qui démarra aussitôt. Le policier qui nous accompagnait nous expliqua que nous avions pris place dans un « sous-marin », un de ces véhicules banalisés utilisés pour les planques. « D'ailleurs vous êtes assise sur le siège des toilettes », dit-il à maître Meyer. La remarque mit une touche d'humour à une ambiance sombre. Les policiers ne montraient ni arrogance ni mépris ; ils faisaient leur travail avec correction. Quant à moi, j'avais l'impression de vivre une scène de film : le rendez-vous discret, le « sous-marin », le policier blagueur…

Je ne vis rien du trajet. Soudain j'entendis des coups de klaxon et un brouhaha extérieur. « Les journalistes », précisa le policier. Puis la camionnette ralentit avant de descendre une rampe de parking. La porte de la camionnette s'ouvrit ; nous étions arrivés dans les locaux de la brigade financière. Maître Meyer m'adressa une ou deux phrases d'encouragement et partit. Je restais seul au milieu des policiers. Soudain je compris que j'étais devenu l'acteur principal de la scène.

Comme maître Charrière-Bournazel me l'avait expliqué, j'eus droit au grand jeu : questionnaire d'identité, déshabillage, fouille au corps, prélèvements ADN. Je retirai mes lacets, ma ceinture, déposai mes papiers, les quelques objets personnels que j'avais, dont mon paquet de cigarettes. Était-ce obligatoire ? Oui, ça l'était. Mais un policier me rassura. On m'autoriserait sans doute une ou deux cigarettes lors des pauses entre les interrogatoires. À la seconde où je le remerciai, je compris que j'étais désormais sous la dépendance de ces inconnus, et que dans les heures qui allaient venir, je guetterais leurs autorisations, leurs avis, leurs paroles.

Les policiers faisaient leur travail avec une grande neutralité, mais un ou deux semblaient plus ouverts. J'osai une question :

– Vous pensez que ça va durer combien de temps ?

– Vingt-quatre heures, avec prolongation éventuelle. Ce sera sans doute le cas pour vous. Donc quarante-huit heures. Ce fut une première claque, car je ne m'attendais pas à passer la nuit en garde à vue. Dans mon esprit, il s'agissait d'une simple audition qui s'achèverait à la fin de la journée.

Je subis ensuite un rapide examen médical : prise de tension ; respiration ; état des traitements médicaux en cours – aucun, des maladies éventuelles dont je souffrais – aucune. Le médecin, un petit homme décontracté, en conclut que mon état de santé était compatible avec la garde à vue, laquelle me fut signifiée à 15 h 30, lors du premier interrogatoire. Il se déroula, comme les suivants, dans un bureau neutre et assez exigu. J'étais assis face à la fenêtre, ce qui permit à un habitant de l'immeuble en face de me prendre en photo à travers la vitre depuis son appartement. Les interrogatoires furent menés par trois policiers : une femme, lieutenant, qui me posa la plupart des questions et tapa mes réponses sur ordinateur. C'était une assez jolie blonde d'une petite quarantaine d'années, qui savait alterner un visage dur avec des expressions plus souriantes. Les deux hommes, eux, se tenaient plus en retrait, très attentifs, mais presque toujours silencieux.

Ce premier interrogatoire dura un peu moins de deux heures. Il se déroula, comme les autres, sur un ton courtois. Le vouvoiement resta de rigueur de bout en bout. Les premières questions portèrent sur mon état civil complet, mes études, mon parcours professionnel, la définition de mon poste, les noms de mes responsables, mon emploi du temps des derniers jours. Après une courte pause, les questions reprirent, cette fois-ci sur le montant de mes rémunérations, mes bonus, l'état de mon patrimoine. Je précisai que je ne détenais ni portefeuille d'actions ni compte à l'étranger.

Nouvelle pause, durant laquelle je dînai avec les policiers. Mon cas les intéressait. Ils cherchaient à se renseigner et écoutaient avec attention ce que je leur racontais sur ce monde dont ils ignoraient tout et qui les intriguait. La plupart d'entre eux n'avaient aucune formation financière. Untel avait fait des études d'administration économique et sociale, tel autre, auparavant, était poseur de parquets. Rapidement, lors de ces échanges *off*, j'eus l'impression qu'ils comprirent que la banque n'était pas aussi blanche qu'elle l'affirmait, ni moi aussi noir qu'elle voulait en convaincre l'opinion. Ce que je leur racontais était à mille lieux de la communication officielle de la

Société Générale. J'ébranlais leurs certitudes. Les questions fusaient. J'y répondis du mieux que je pus, leur faisant sentir au fur et à mesure des quelques explications que je donnais combien les représentations qu'ils avaient du métier de trader collaient mal avec ma propre vie. Non, je ne gagnais pas des millions d'euros ni ne roulais en Porsche. Non, je n'avais rien à voir avec d'autres « clients » célèbres de la brigade financière, les Tapie, les Messier, les Le Floch-Prigent, les Gautier-Sauvagnac. Et quand l'un me demanda si j'avais détourné de l'argent à mon profit, exaspéré, je lui répondis :

– Quand vous avez perquisitionné, vous avez vu mon appartement ? Quarante-cinq mètres carrés, aucune toile de maître, du mobilier Ikéa ! Les bonus, vous pouvez vérifier ; je les ai donnés à des proches qui avaient des problèmes financiers.

Au moins, j'espérais qu'ainsi ils comprendraient quel était mon rapport à l'argent, et à quel point il ne constituait pas une priorité. Enfin, lorsque l'un des policiers, sans doute pour faire l'intéressant face aux autres, me demanda de lui signer un billet de 500 euros, je refusai net. Cela jeta un froid ; mais tous avaient compris que j'étais plus proche de gens comme eux que des traders aux longues dents qui hantent les films américains.

La fin du repas se déroula sans accrochage, et la troisième audition débuta. Elle dura plus de cinq heures et ne s'acheva qu'à 1 heure du matin passée. Très vite nous entrâmes dans le vif du sujet. Le lieutenant semblait détenir des informations très précises sur certaines techniques financières et une bonne connaissance du dossier, comme le prouvait la manière pertinente dont elle menait l'interrogatoire. J'étais assez surpris par le degré de précision de ses questions. Ce n'est que bien plus tard que je comprendrais qu'au même moment la Société Générale envoyait au feu certains salariés prêcher la bonne parole devant la police, et distillait des notes de synthèse à tour de bras. Ce qui avait pour conséquence de mâcher le travail des policiers et de les orienter dans les questions qu'ils me posaient.

Le lieutenant commença par dérouler la plainte en me signifiant les faits qui m'étaient reprochés, puis me demanda si je désirais faire des commentaires. Je reconnus d'emblée avoir saisi et annulé des opérations fictives, mais récusai tout le reste, en particulier l'intrusion frauduleuse dans des systèmes informatiques, le détournement de sommes, et plus généralement le fait d'avoir outrepassé les règles de mon mandat. Quel mandat ? Quelles règles ? Quelle usurpation d'identifiant informatique ? Je n'avais jamais utilisé d'autre identifiant que le mien. Ce que la Société Générale avait déclaré quand l'affaire avait éclaté était pure affabulation. J'expliquai en quoi consistait mon métier de market-maker, en insistant sur le fait que ma seule motivation avait toujours été de faire gagner de l'argent à la banque. Ensuite je développai les différentes stratégies que j'avais adoptées, m'appuyant sur l'exemple de l'opération Allianz, en 2005. Je rappelai qu'à sa suite non seulement je n'avais pas été sanctionné mais avais vu ma limite d'engagement sensiblement augmentée, et que l'année suivante, on m'avait demandé de réaliser le même résultat. Tandis que je parlais, un policier pénétrait de temps en temps dans la pièce et glissait un papier au lieutenant. Je compris que la brigade avait déjà auditionné des membres du personnel de la banque, collègues ou responsables, sans que je sache lesquels, et que les questions qui m'étaient posées avaient pour but d'éclaircir des points déjà mis en avant par la Société Générale.

La fin de ce long interrogatoire arriva. Je descendis en cellule vers 1 heure du matin. Je n'avais qu'une hâte, c'était d'en finir, j'étais nerveusement épuisé et fatigué de répondre aux mêmes questions depuis trois jours face à des interlocuteurs différents. Quelqu'un passa voir comment je me portais, il me glissa une formule qui m'alla droit au cœur : « Pour nous, tu n'es qu'un lampiste et tu trinques pour les autres. » La cellule était propre et assez vaste, ce qui soulagea mes appréhensions. Pas pour longtemps. Il me fut impossible de dormir, sauf pendant de courtes périodes. Je revivais chaque minute des interrogatoires, me demandant si j'avais été clair dans mes réponses, si ce qui était retranscrit dans les procès verbaux correspondait bien à ce que j'avais dit, ce qui, en cas contraire, pourrait se retourner ultérieurement contre moi. Notamment, à la fin, la fatigue me gagnant, je n'avais plus l'attention nécessaire pour viser tout un long PV. Plusieurs semaines après, en les relisant, je me demanderais comment j'avais pu signer ce genre de texte. La vieille idée selon laquelle les policiers peuvent faire signer n'importe quoi à n'importe qui, je la comprends maintenant.

Je me tournai et me retournai, roulé dans mes vêtements, car je n'avais aucune affaire de rechange, pas de linge de toilette, même pas une brosse à dents. Le lendemain matin, rien n'était prévu pour prendre une douche ; je dus me contenter d'un peu d'eau passée sur le visage au lavabo des toilettes. C'est donc mal reposé et tendu que j'abordai l'interrogatoire suivant, qui débuta dès 8 heures.

Le lieutenant revint sur la chronologie des faits et, par des questions complémentaires, voulut s'assurer d'avoir bien compris mes explications de la veille. Je n'étais pas dupe ; elle cherchait surtout à voir si je ne me contredisais pas dans mes réponses. Nous revînmes ainsi longuement sur l'affaire Allianz, qui la préoccupait. À juste titre ; si ma hiérarchie avait laissé passer cette opération initiale, il lui était difficile de soutenir que personne n'était au courant de ce que je faisais. Je lui expliquai le fonctionnement du reporting quotidien qui rendait nos engagements financiers transparents. Ensuite elle me demanda si j'avais un problème de confiance en moi. Je lui expliquai que non ; ce n'est pas parce que les universitaires étaient en nombre restreint dans une salle de marchés par rapport aux anciens des grandes écoles que j'éprouvais un malaise personnel. Au contraire ; j'étais content d'être arrivé à ce poste sans les hauts diplômes que possédaient les autres. Il me semblait que mes explications étaient claires. Pourtant le parquet devait les reprendre dans sa conférence de presse en les déformant. À l'en croire j'aurais bel et bien souffert d'un « problème de reconnaissance » et n'aurais aspiré qu'à devenir, selon ses termes, « un trader d'exception ». Théorie absurde. Non seulement je n'avais pas lieu de me plaindre de mon sort puisque j'avais été promu trader au mérite sans en avoir la formation initiale requise, mais si j'avais voulu faire valoir ma réussite, je me serais gargarisé avec mes gains d'un milliard et demi. La thèse du procureur ne tenait donc pas debout. Mais elle présentait l'incontestable avantage, aux yeux des médias et de l'opinion, de proposer un mobile psychologique à mes actes, à défaut de l'existence d'un mobile financier.

Le lieutenant tenta ensuite d'explorer une autre piste. Avais-je été influencé dans ma recherche de résultats par l'appât du bonus futur ? Je n'eus pas de mal à rejeter cette hypothèse ; les sommes que j'avais touchées parlaient d'elles-mêmes. Je sentais que les policiers étaient à la recherche des causes profondes à l'origine de mes actes. J'avais beau leur répéter qu'en dehors du souci de faire mon métier de la façon la plus efficace possible, aucune préoccupation d'ordre personnel n'était à prendre en compte, rien n'y faisait ; ils voulaient sonder ma psychologie, tenter de me comprendre, repérer mes failles, mes envies profondes, mes revanches éventuelles. Je n'étais pas le bon client pour ça. Outre un profond sens de la discrétion qui m'empêche tout épanchement sur moi-même, je pense jouir d'un bon équilibre général ; je n'ai jamais eu le sentiment, dans mon métier, de vouloir autre chose que ce pour quoi on me payait : faire mon travail du mieux possible, « rapporter du cash » à la banque.

Au fur et à mesure que se déroulait mon affaire, je pris d'ailleurs conscience d'un point sur lequel je ne m'étais jamais interrogé auparavant : la difficulté qu'on rencontre à expliquer aux gens que l'on peut éprouver une véritable passion pour son métier. Celui de trader n'échappe pas à la règle. Non, je ne faisais pas ce travail parce que j'étais joueur dans l'âme, âpre au gain, ou dérangé intellectuellement ; je le faisais avec un maximum de plaisir, en y consacrant toute mon énergie et sans compter mon temps. J'aimais le rythme trépidant des journées, le *speed* des opérations, les émotions que j'en retirais, et jusqu'à l'ambiance de la salle dans laquelle je travaillais, ces murs d'écran où s'affichaient des graphiques, des courbes, des colonnes de chiffres. J'aimais, surtout, ce couplage entre une action nécessairement rapide et le temps de la réflexion qui la suivait ; pourquoi mon opération a-t-elle marché ? Pourquoi me suis-je planté ? J'aimais être porté par le succès, mais je ne détestais pas les frissons de l'échec, le temps du doute, la remise en question qu'il déclenchait. J'aimais avoir l'esprit toujours en éveil, à l'affût des informations, en prise directe avec les vibrations du monde. Je ne pratiquais plus de sport, c'est vrai ; mais mon métier en prenait parfois l'allure. Le goût de la victoire, sinon de l'exploit, le souci de toujours faire mieux, et la fatigue qui va avec ; c'était aussi ça, le trading. Les bonus éventuels, sur lesquels bien sûr je ne crachais pas, venaient loin derrière. C'est ce que je tentai d'expliquer au lieutenant qui m'interrogeait.

La pause-déjeuner arriva en fin de matinée, après que le lieutenant m'eut notifié ce à quoi je m'atten-

171

dais : la prolongation de ma garde à vue pour vingt-quatre heures. Je reçus la brève visite de maître Meyer qui s'enquit de mon état et me demanda de prendre mon mal en patience ; l'objectif des policiers était de me faire avouer le maximum de choses, quitte à me pousser à bout. Il fallait que je tienne bon, que je me montre calme et fort. Mais je n'en pouvais plus, et la perspective de passer une seconde nuit dans les locaux de la police n'arrangeait pas mon moral. D'ailleurs qu'ajouterait une seconde journée à la première ? J'avais tout raconté, répondu à toutes les questions, fourni toutes les explications qu'on attendait de moi ; que pouvait-on espérer de plus ? Mais je sentais maître Meyer soucieuse. Elle m'informa que la presse s'agitait beaucoup et évoquait des lettres qu'Eurex, le service de contrôle de la Bourse allemande, avait adressées dans le courant de 2007 à la Société Générale pour s'inquiéter de volumes de transactions anormaux sur la place de Francfort. Maître Meyer me demanda de lui expliquer cet épisode. Je lui en avais déjà touché un mot les journées précédentes, mais elle voulait en connaître la teneur de façon plus détaillée ainsi que le déroulé de l'histoire.

Je lui expliquai alors que l'organe de contrôle des opérations boursières en Allemagne avait envoyé coup sur coup deux courriers aux déontologues de la Société Générale – les déontologues sont, au sein des établissements bancaires, les personnes chargées de s'assurer que les opérations initiées par les banques sont conformes aux lois et réglementations en vigueur – les informant d'opérations très importantes menées par un trader de la banque et identifié en la personne de JK. Mes supérieurs et les déontologues avaient été informés de ces courriers et y avaient répondu, preuve s'il en est qu'ils avaient connaissance de mes opérations.

Le marathon des interrogatoires reprit à 16 heures, et dura six heures et demie. J'en sortis littéralement épuisé. C'était la cinquième audition que je subissais. Ce fut un nouveau flux de questions sur les mêmes sujets : mes rémunérations annuelles, mes bonus, les pratiques courantes et largement tolérées dans le milieu du trading, le fonctionnement des différents niveaux de contrôle, et ainsi de suite. J'avais l'impression de répéter les mêmes réponses depuis des heures. Et puis soudain, au détour d'une phrase, alors que je ne m'y attendais pas, un élément nouveau surgissait.

– Êtes-vous joueur, monsieur Kerviel ?

– Pas du tout. Je ne joue ni aux cartes ni aux courses. Je n'aime pas les jeux d'argent.

Un des deux policiers s'approcha alors de la table et me tendit une carte plastifiée que je reconnus tout de suite.

– Alors comment expliquez-vous la présence de cette carte dans votre portefeuille ?

C'était une carte de membre pour un club de jeu de la place de Clichy où j'avais l'habitude de jouer au billard. Je le dis aux policiers, qui marquèrent un temps de surprise. Les enquêteurs avaient insidieusement sorti cette question dans l'espoir de me coincer. Ils auraient alors tenu le parfait mobile : un trader joueur, donc fasciné par l'argent. Malheureusement pour eux, je n'étais pas cet homme. J'ai appris plus tard qu'interrogé dans le cadre de l'enquête, le patron de la salle avait confirmé mes dires ; je ne jouais qu'au billard.

Le contentement que je tirais de ces courtes victoires ne durait pas. Il allait être bien difficile de convaincre mon interlocutrice. Je dus une fois encore répéter que cette attitude que la Société Générale jugeait aujourd'hui trop offensive sur le marché, elle l'avait considérée comme un point positif lors de mes entretiens annuels d'évaluation. Le lieutenant voulut aussi établir le moment où le trading bascule dans l'excès. Je lui répondis que j'avais moi-même du mal à le savoir, puisque j'avais régulièrement dépassé toutes les pratiques officiellement admises sans que personne ne s'en soucie. Pour la énième fois je mentionnai l'existence des multiples alertes, évoquai les mails que j'avais reçus et qui prouvaient la connaissance que mes supérieurs avaient de mes opérations, démontai la stratégie de la Société Générale qui justifiait ses silences par l'absence de temps, le problème des sous-effectifs, les méandres de procédures complexes... La vérité était tout autre. Elle tenait en une formule : l'existence de « zones grises » à l'intérieur d'une salle de marchés, à savoir, la connaissance de certaines pratiques par la chaîne hiérarchique qui, sans les valider ni les interdire, laisse par un accord tacite les subalternes agir hors des limites habituelles.

L'accusation d'introduction frauduleuse dans les systèmes informatiques, elle, ne tenait pas une seconde. J'aurais été incapable de pénétrer dans les bases du back-office et du front-office pour valider des opérations, car à moins d'être Superman nul ne peut se promener tout au long d'une chaîne de contrôle aussi complexe. De plus, je n'en avais aucun besoin puisque les gens du contrôle rectifiaient d'eux-mêmes les opérations ! C'était pourtant la thèse que la Société Générale tentait d'accréditer auprès des marchés et de l'opinion. Et malgré ce que je lui disais, je sentais bien que mon interlocutrice en était elle-même persuadée.

Je commençais à perdre patience. J'en avais assez d'être pris pour un imbécile. La situation était simple. Face à des centaines d'employés de la Société Générale qui, en interne comme en externe, travaillaient à peaufiner le dossier de la banque, il ne fallait pas seulement me défendre ; je devais attaquer. Non, je n'étais pas cet esprit machiavélique qui avait mis au point des techniques capables de déjouer l'ensemble d'un système bancaire complexe. Ce dernier n'avait pas péché par simple distraction ou excès de confiance ; tant que je lui rapportais de l'argent, il m'avait laissé faire, voilà tout. Pendant des heures j'en accumulais les preuves. Vers la fin de cette cinquième audition, j'étais parvenu à ébranler les certitudes de mon interlocutrice et elle me lâcha, avec un petit sourire de connivence : « Vous avez quand même de quoi vous défendre… » Cette simple phrase me redonna espoir. J'avais d'abord senti les policiers surpris par ma détermination ; désormais, ils étaient perplexes.

Dans les locaux régnait une effervescence perceptible. Des policiers ouvraient et fermaient des portes, et pendant les pauses, me demandaient d'attendre avant de sortir. Les petits papiers s'accumulaient sur le bureau du lieutenant. Clairement, les policiers menaient d'autres auditions en parallèle, lesquelles entraînaient de nouvelles questions ou soulevaient des points sur lesquels notre échange repartait. Je n'avais aucune idée des personnes interrogées dans d'autres bureaux, sans doute à quelques mètres de moi. Mais je constatais que les enquêteurs possédaient des éléments, pièces, dépositions, mails, listings... J'avançais à l'aveugle, au milieu d'une situation dont je ne connaissais pas les contours. Aussi, plus l'interrogatoire avançait, plus le découragement me gagnait. Outre la fatigue qui me laminait heure après heure, j'étais seul et démuni face à deux machines d'une incroyable puissance ; celle de la police, dont les règles m'échappaient à peu près entièrement, et celle de la Société Générale, dont je connaissais la formidable puissance.

La fin de soirée fut éprouvante. L'audition s'acheva à 22 heures passées. Je redescendis à l'étage des cellules, pris un repas rapide, et me retrouvai seul, épuisé, à ressasser comme la première nuit les longues heures d'interrogatoire. Le doute me tenaillait. Je m'étais trompé, je n'avais pas su trouver les mots justes, j'avais été maladroit dans mes explications. Pas plus que la première nuit je ne parvins à trouver le sommeil.

L'interrogatoire reprit le lendemain matin, à 8 h 30. Nouveau changement de registre. Quel était mon patrimoine éventuel – j'avais déjà répondu à ces questions : aucun avoir en France ou à l'étranger, aucune valeur mobilière. Nature de mes anciens postes dans lesquels, selon la Société Générale, j'aurais acquis des compétences pour détourner les contrôles. Je ressassai les mêmes réponses que la veille, incapable de savoir si elles étaient convaincantes. Je me sentais au bout du rouleau, sale, mort de fatigue, sans ressort. J'en retrouvai un peu lorsque mon interlocutrice voulut me faire dire que les opérations qui posaient problème avaient commencé après la démission d'Alain Declerck ; j'aurais bénéficié du départ de ce dernier et de l'arrivée d'un nouveau chef prétendument moins expérimenté pour mener mes opérations. Cela ne tenait pas debout. Les faits comme la nature des personnes le démentaient. L'opération Allianz s'était déroulée sous le management d'Alain Declerck, et Éric Cordelle avait une expérience du management bien plus forte que mon précédent n+1.

J'appris au détour d'une phrase un point qui me troubla : toutes les auditions étaient enregistrées. Sans doute était-ce l'explication de ces allées et venues que je constatais depuis deux jours entre notre salle et l'extérieur. Des spécialistes en matière financière devaient suivre les échanges et transmettre de nouvelles questions au lieutenant. Toute cette logistique que je sentais à l'œuvre autour de moi amplifiait le sentiment de solitude dans lequel je me débattais depuis le début de ma garde à vue. Mais j'appris autre chose. Lors des entretiens que j'avais eus avec mes responsables le samedi et le dimanche précédents au siège de la Société Générale, j'avais également été enregistré. « Il me semble que c'est une pratique illégale », fis-je remarquer au lieutenant. Elle me le confirma. Il y eut un moment de silence gêné. Le sentiment de trahison que j'avais ressenti huit jours plus tôt se renforça brutalement. Durant ces entretiens, mes responsables espéraient m'arracher des preuves et des aveux dont ils auraient pu par la suite faire état. Le tutoiement et la gentillesse de surface n'étaient donc que des masques ; on ne m'avait mis en confiance que pour mieux me coincer.

Le lieutenant me notifia en début d'après-midi que ma garde à vue était finie et que j'allais être déféré au pôle financier. En ai-je éprouvé du soulagement ? Sans doute. Mais je ne me rendais plus compte de grand-chose ; j'étais content que cela s'achève, c'est tout. Malgré la longueur des interrogatoires et les conditions de détention, j'avais le sentiment d'avoir pu dire ce que je souhaitais et d'avoir été entendu. Le travail d'investigation des policiers, tout comme leur comportement, m'avait donné l'impression qu'on me laissait la possibilité d'avancer mes remarques. Malheureusement je devais découvrir quelques jours plus tard à la lecture du procès verbal qu'il n'en était rien. Certains de mes propos avaient été mal retranscrits au point que je ne m'y reconnaissais pas. La fatigue et le stress aidant, je ne m'en étais pas aperçu au moment de la relecture et de la signature. Même si l'atmosphère avait été courtoise, le bilan de cette garde à vue n'en était donc pas moins fort sévère à mon encontre.

Les policiers rassemblèrent les différents scellés, dont des relevés bancaires, divers documents récupérés chez moi lors de la perquisition, et mon ordinateur, saisi chez mon frère. Je regardais ces préparatifs avec indifférence. Les heures d'interrogatoire et les deux nuits quasiment blanches m'avaient laminé. Je ne parvenais pas à imaginer la suite des événements. Mon transfert au pôle financier signifiait qu'au vu des résultats de l'enquête policière le parquet avait décidé que les charges retenues contre moi étaient suffisantes. La justice allait donc suivre son cours. Je n'en savais pas plus. En fait, j'étais complètement paumé. Depuis quatre jours, j'avais dû encaisser le communiqué de la Société Générale, les attaques de la presse, la traque des journalistes et la garde à vue. J'avais l'impression d'être roulé dans le tambour d'une machine à laver, sur le mode essorage. Je me demandais ce qui allait maintenant se passer et quelle serait la prochaine catastrophe qui me tomberait dessus.

Nous descendîmes au parking, où un monospace aux vitres fumées nous attendait. « Vous mettrez cette couverture sur votre tête quand on sortira », me prévint un policier. La voiture monta la rampe, je me couvris de la couverture, les portes du parking s'ouvrirent, j'entendis un brouhaha, le bruit d'une sirène, et quelques dizaines de secondes plus tard quelqu'un me dit d'ôter la couverture. La voiture roulait à une vitesse folle dans les rues, précédée par deux motards qui lui ouvraient la voie et obligeaient les voitures à se garer. Je connus alors les plus fortes sensations de ma vie. Feux rouges grillés, sens interdits, couloirs de bus, rien ne nous résistait. C'était un nouveau film, la énième version de *Taxi*. Je me retournai. Les journalistes étaient semés, nous continuions à filer vers ce qui me semblait être un accident inévitable. La tête me tournait. Je fermais les yeux, à la fois de fatigue et de peur.

Je compris que nous arrivions au pôle financier lorsque j'aperçus au loin les journalistes. J'eus à peine le temps de me recouvrir de la couverture que nous étions déjà à l'arrêt. J'entendis des hurlements, la voiture se mit à tanguer sous les coups des photographes et des cameramen qui se précipitaient sur elle. « Ils sont fous, dit un policier. On va finir par en tuer un. » La voiture redémarra et se gara dans la cour du pôle. Les portes s'étaient refermées derrière elle, c'était à nouveau le calme. Je sortis du monospace. Mon regard croisa alors celui du lieutenant de gendarmerie en charge du pôle venu m'accueillir, et pour la première fois depuis quarante-huit heures, je lus sur un visage la marque d'une sympathie. Je me souviens de ce regard que nous nous sommes échangé, comme si cet homme comprenait ce que je vivais et qu'il compatissait, et moi lui disant des yeux : « J'en bave vraiment, là. » Sa profonde humanité me toucha. Pendant deux ou trois secondes je me sentis moins seul.

Ensuite eut lieu le rituel dont je commençais à prendre l'habitude : formalités administratives et fouille, puis descente en cellule, très propre, neuve, aux murs en plexiglas, donnant avec les cinq ou six autres sur un vaste bureau où deux gendarmes assuraient la garde tout en lisant le journal. Il était aux environs de 14 h 30. Débuta alors un long après-midi d'attente seulement ponctué par la visite de mes deux avocats. Ils s'entretiendraient avec le juge d'instruction dès qu'il serait nommé afin d'entendre les motifs de ma mise en examen et demander ma mise en liberté. Un des gendarmes me confia ensuite que, si j'avais affaire à Renaud Van Ruymbeke, j'avais de grandes chances de me retrouver libre ce soir ; le juge était hostile à la mise en détention. Dans l'état de fatigue physique et morale où je me trouvais, l'hypothèse de sortir bientôt me parut irréelle.

Après le départ de mes avocats, je restai assis, prostré, incapable de mettre deux idées bout à bout. De longues heures s'écoulèrent dans cette cellule, seul à évaluer toutes les possibilités sur la suite des événements, sans savoir réellement ce qui pouvait se passer et quelles étaient les options. Je refaisais le film du week-end passé en garde à vue. Je me retrouvai une fois de plus face à moi-même et à mes doutes. J'étais bien loin de pouvoir réfléchir à mon affaire en général ; l'incertitude sur mon sort immédiat m'occupait complètement l'esprit. C'était quoi, le programme qu'on me réservait après la garde à vue ? Est-ce que je sortirais dans quelques heures ? Est-ce que je partirais en détention ? Et mes avocats : avaient-ils au moins prise sur ce qui m'échappait complètement ? Quels propos tenaient-ils en ce moment même au juge ? Ces questions, et beaucoup d'autres, n'arrêtaient pas de tourner dans ma tête. Au bout d'un long moment, sans doute touché par ma mine soucieuse, un des gendarmes ouvrit la porte de ma cellule et me proposa de venir m'asseoir avec eux. Je ne devais pas avoir l'air bien brillant !

La nouvelle tomba trois heures plus tard ; parmi la petite dizaine de juges du pôle financier, Renaud Van

Ruymbeke et Françoise Desset étaient saisis de mon dossier. Un gendarme vint m'en avertir. J'étais intimidé à l'idée de me retrouver face à une personnalité du monde judiciaire pour laquelle j'éprouvais un profond respect. Mes avocats se trouvaient en ce moment dans son cabinet. À 18 h 30, on me sortit de ma cellule pour me conduire devant les juges. La porte du cabinet s'ouvrit. Je pénétrai dans une vaste pièce meublée de deux bureaux et dont la fenêtre donnait sur le boulevard des Italiens où s'amassait la foule des journalistes. Je me retrouvai devant Renaud Van Ruymbeke, impressionné par ce personnage que j'admirais depuis ma jeunesse, dans l'état d'un gamin devant Zidane. Sans même réfléchir, je balayai la pièce du regard en espérant y découvrir le fameux poster de Lucky Luke sur lequel, disait-on, du temps qu'il était à Rennes, le juge avait inscrit : *I am a poor lonesome judge.* Mais il n'y était pas. Ce n'est que quelques mois plus tard que j'osai lui poser la question :

– Monsieur le juge, vous n'avez plus votre poster de Lucky Luke ?

– Non, il a brûlé dans l'incendie du parlement de Rennes, me répondit le juge sur le ton le plus neutre.

Mais ce jour-là, j'étais trop ému pour m'occuper des posters. Et la honte de me présenter devant un juge dans mon état accentuait encore cette émotion. J'étais sale, pas rasé, pas coiffé, sans lacets ni ceinture, mes vêtements étaient fripés, et je devais puer la sueur. Van Ruymbeke m'accueillit par quelques mots aimables, me demanda comment j'allais et si je supportais tout cela. Le ton, attentif et simple, était celui d'un homme de qualité. Je bredouillai une réponse banale. Son regard, derrière des lunettes vissées sur le nez, était attentif, profond, concentré. Il portait un costume sombre. Le ton était à la fois légèrement compatissant à mon égard, et grave.

Il me signifia ma mise en examen pour faux et usage de faux, abus de confiance, et introduction frauduleuse dans un système de données informatisées par usurpation d'identifiant. Souhaitais-je m'exprimer sur les motifs de ma mise en examen ? Non ; je le ferai plus tard, lors de l'instruction. Je notai au passage que le caractère aggravant de l'abus de confiance requis par le parquet avait disparu, parce que, m'expliquerait plus tard Élisabeth Meyer, je n'avais pas impliqué de clients extérieurs à la banque. C'est d'ailleurs à elle que je dois cette suppression, d'une portée non négligeable d'un point de vue pénal, car elle réduit sensiblement la peine encourue.

Renaud Van Ruymbeke m'annonça ensuite que j'étais placé sous contrôle judiciaire mais restais en liberté. Je n'avais pas le droit de rencontrer des gens travaillant à la Société Générale, à l'exception du personnel de l'agence qui gérait mon compte personnel, je ne pouvais quitter la France et avais obligation de communiquer mon lieu de résidence. Il me convoquerait ultérieurement pour une première audition. Dans l'immédiat, j'étais libre. Je fus soulagé. Le mauvais rêve était-il en train de prendre fin ?

Je me levai et remerciai les juges avec la pensée fugace que, s'ils ne me plaçaient pas en détention, c'était parce que mon dossier contenait peu d'éléments à charge. Au moment où je m'apprêtais à sortir du cabinet, Van Ruymbeke m'interpella :

– Monsieur Kerviel, vous me promettez que vous n'avez pas pris un centime à la Société Générale ?

Je me retournai. Le juge me fixait, droit dans les yeux, soudain très grave.

– Je vous le promets, monsieur le juge. Pas un centime.

– C'est très important, vous savez.

J'acquiesçai en silence. Ce sérieux, ce souci de probité... L'homme était conforme à l'image que j'avais toujours eue de lui : moraliste et rigoureux. Ce bref échange conforta ma confiance. Face à un juge aussi droit et attentif, j'expliquerais tout, je reconnaîtrais mes torts, et la vérité ne tarderait pas à éclater.

Je redescendis à l'étage des cellules pour les formalités de sortie. Le lieutenant de gendarmerie que j'avais croisé en arrivant quelques heures plus tôt ne cacha pas son contentement de me voir libre. Mais comment sortir des locaux sans être repéré ? Grâce aux caméras de surveillance extérieure, les gendarmes voyaient que les journalistes ne cessaient d'affluer. « Dehors, c'est de la folie », constata même l'un d'eux. Maître Meyer et l'officier convinrent d'un lieu de rendez-vous, porte de Champerret. Le gendarme m'y conduirait en moto. Mais pour cela, il fallait attendre. « Ils se calmeront dès le journal de 20 heures. Ce qu'ils veulent, c'est des images. S'ils n'en ont pas, ils partiront. » Une fois le scénario mis au point, maître Meyer quitta le pôle sous les regards appuyés des journalistes, tandis que nous patientions jusqu'à 20 heures. Mais passé cette heure, à la surprise du gendarme, peu de journalistes abandonnèrent le siège.

Il décida alors de faire partir un leurre. Un fourgon sortit de l'immeuble en trombe, emportant un policier recouvert d'une couverture. Nouvelle déception. Les journalistes, qui connaissaient toutes les ficelles, continuaient d'attendre. « Il faut y aller, décida le gendarme, sinon on y passe la nuit. Vous allez sortir par une petite porte sur le côté, ce casque de motard à la main, et vous me rejoignez dans la rue d'en face le plus naturellement possible. » Je m'exécutai, tétanisé. La quantité des journalistes était impressionnante, les cars de télévision, les voitures de radio. Je m'approchai tranquillement, sans me faire remarquer. Histoire de corser l'affaire, au moment de traverser la place, je pris le temps d'allumer une cigarette. Dans mon champ de vision, j'aperçus le gendarme qui piaffait. Je le rejoignis et montai sur la moto. Lui : « Prendre l'air naturel, ça ne veut pas dire prendre tout son temps ! » Nous partîmes sans être remarqués par quiconque – j'appris dans la presse que les journalistes, lassés de ne pas me voir, en avaient conclu que j'étais parti caché dans le coffre d'Élisabeth Meyer. Nous arrivâmes à la porte de Champerret sans encombre. Le gendarme me déposa au lieu de rendez-vous. Je le remerciai, non sans lui faire remarquer en souriant qu'il aurait pu me déposer ailleurs que devant une agence de... la Société Générale !

L'avocate et moi nous rendîmes aussitôt chez l'ami expert, à Levallois, d'où j'appelai ma mère, mon frère et mon amie pour les rassurer. Nous prîmes ensuite un verre tout en mangeant un en-cas tandis que je racontais les événements des trois jours écoulés. Je n'avais qu'une idée en tête : prendre une douche, me changer, retrouver une apparence humaine. Mais où allais-je m'installer ? Mon domicile était impensable. Mon amie y avait pourvu. Elle avait déjà organisé ma retraite. Ce serait chez un ami connu du temps de la Société Générale, et avec qui j'étais toujours en relation. Il vivait en proche banlieue parisienne, mais sa maison étant actuellement en travaux, je logerais dans le garage qu'il avait provisoirement aménagé. Peu importait. Tout était préférable à la fuite perpétuelle face à la horde de journalistes. Cette partie de cache-cache commençait à me fatiguer. J'avais le sentiment qu'une grande battue était organisée dans Paris et que le gibier, c'était moi. Le pompon à la clé : 100 000 euros pour celui qui décrocherait le premier cliché ! Je me disais que je n'étais pas près d'avoir la paix.

Je suis resté une dizaine de jours dans le garage de cet ami, sans rien faire sauf tourner en rond dans l'attente de ce qui allait m'arriver. Je sortais le moins possible, je lisais la presse et consultais Internet. Comme j'ignorais si j'avais le droit de rencontrer mon amie qui travaillait à la Société Générale mais pas dans les secteurs de mon ancienne activité, nous avions décidé de ne pas nous voir. Je me sentais seul, perdu, énervé par ce que je lisais, car les attaques de la presse restaient aussi violentes que les flèches décochées par la Société Générale. Je m'entretenais beaucoup de mon dossier avec Élisabeth Meyer par téléphone pour préparer ma défense. Pendant ce temps, les rumeurs continuaient à aller bon train. Le mercredi, mon avocate m'appela pour m'annoncer... mon suicide ! Elle venait d'entendre le prétendu scoop de la bouche d'une partie prenante à l'enquête.

Comme si les soucis de mon affaire ne suffisaient pas, je découvris qu'une sourde guerre s'était installée entre mes deux conseils, Élisabeth Meyer et Christian Charrière-Bournazel. Le conflit portait sur le leadership de ma défense. La tension monta entre eux jusqu'au moment où Élisabeth Meyer me mit au pied du mur : c'était lui ou elle, mais pas les deux. Le choix me posa d'autant moins de problème que je me sentais plus en confiance avec maître Meyer, qui s'était battue avec la dernière énergie face au juge Van Ruymbeke et avec qui des liens amicaux s'étaient noués, qu'avec maître Charrière-Bournazel, absent de ma garde à vue et, me semblait-il, plus concerné par les réactions des médias que par les motifs de ma mise en examen. Je me privai donc de ses services. Mais comme le dossier était trop lourd pour une seule personne, surtout non pénaliste et mal informée des techniques financières, Élisabeth Meyer me proposa qu'un confrère l'épaule. Ce fut Guillaume Selnet, jeune avocat sympathique, travailleur et efficace. Malheureusement l'histoire se répéta, et des bisbilles apparurent bientôt entre eux.

Ces conflits entre conseils ont longtemps empoisonné ma défense. L'opinion publique s'y est méprise. Il faut dire qu'elle y fut bien aidée par les médias autant que par les avocats de la Société Générale ; à leurs yeux, je n'étais qu'un enfant capricieux qui, n'arrivant pas à obtenir de ses avocats ce qu'il souhaitait, n'hésitait pas à les balancer en rejetant la faute sur eux. Face à la Société Générale comme face à mes conseils, je me comportais donc comme un être profondément immature.

Pourtant, la réalité était tout autre. J'ai moins souvent changé d'avocats que tenté d'impossibles arbitrages entre eux pour me résoudre finalement à des modifications d'équipe devenues nécessaires. Il ne pouvait guère en être autrement, surtout dans un dossier aussi compliqué et médiatique que le mien. Comment choisir un bon avocat quand on ignore tout du monde judiciaire et qu'on n'a pas d'argent pour le payer ? Non pas que les candidats m'aient jamais manqué ; nombreux étaient ceux qui me proposaient gratuitement leur aide. À défaut de gros honoraires, mon dossier leur ouvrait tout grand la porte des médias. Trouver un avocat ne fut donc jamais un problème. C'est ensuite que les problèmes advenaient. Chacun s'empressait de m'expliquer que, compte tenu du caractère complexe de cette affaire, il fallait constituer une équipe avec d'autres confrères ; ils avaient d'ailleurs des noms en tête, qui tous présentaient les meilleures garanties professionnelles. Je ne pouvais qu'accepter. Ne payant pas mes avocats, je n'avais qu'une faible prise sur eux. En somme, je leur étais d'une certaine façon redevable, d'où une position psychologiquement difficile. Cette situation m'a poussé, à tort, à ne pas toujours exprimer les exigences qui me paraissaient essentielles, et à me laisser envahir par les conflits de préséance qui ne manquèrent pas de dresser mes conseils les uns contre les autres. Qui apparaitrait en premier dans la liste de mes défenseurs ? Qui parlerait aux médias ? À quel cabinet les pièces officielles devaient-elles parvenir ? Était-il normal que ceux qui travaillent avec sérieux restent dans l'ombre tandis que les caméras étaient braqués sur les plus connus, qui, aux dires de leurs confrères, n'ouvraient pas souvent le dossier ? Il m'était difficile de suivre, comme s'il me revenait de m'adapter à des desiderata qui n'étaient pas sans m'évoquer les caprices de stars. Ces situations compliquées durèrent tout le temps de l'instruction. Elles firent le bonheur de la presse, qui titra maintes fois sur mes changements de défenseurs et de cap (« Kerviel change une nouvelle fois d'avocats », « Kerviel modifie sa stratégie de défense », etc.). Contrairement à ce qui a été dit, mes changements d'avocats n'étaient donc en rien liés au manque de réussite de l'équipe dans les débats avec Renaud Van Ruymbeke ou à un changement de stratégie de défense de ma part. Ils se sont chaque fois opérés car la situation m'y contraignait. J'avais l'impression de me retrouver coincé dans un étau : les avocats étaient nécessaires mais ils absorbaient une bonne partie de mon énergie par leurs querelles internes. En un mot, je n'avais plus la main sur les décisions qui engageaient ma vie. Certains s'étaient emparés de mon « cas » au point d'opérer des choix sans même me demander mon avis. Or j'attendais d'eux qu'ils assurent ma défense dans de bonnes conditions, et n'utilisent pas mon affaire dans le seul intérêt de leur propre carrière...

Le mercredi fut un jour doublement noir. Outre ma stupeur d'apprendre que j'avais mis fin à mes jours,

maître Meyer me communiqua une information
pénible : le parquet faisait appel de ma mise en
liberté. L'audience de la chambre de l'instruction se
déroulerait le 8 février. Cette nouvelle me donna
l'impression que j'étais devenu l'objet d'un véritable
acharnement judiciaire. Si j'avais dû m'enfuir, je
l'aurais déjà fait, et je ne me serais pas présenté aux
convocations qui m'étaient adressées. Le risque de
disparition de preuves n'existait pas ; toutes les
pièces étaient aux mains de la Société Générale. Était-
ce pour me protéger contre moi-même ? Merci, mais
je n'ai jamais pensé mettre fin à mes jours… Et puis
en quoi mon maintien en liberté constituait-il un
danger ? Avais-je troublé l'ordre public ?

Élisabeth Meyer se voulut rassurante et organisa
aussitôt ma défense de façon méthodique. J'allai
consulter un psychologue qui, après examen, conclut
que je jouissais d'un bon équilibre mental et rédigea
un rapport en ce sens. L'ami expert certifia qu'il allait
me procurer un travail, ce qui assurait mon indépendance financière et prouvait que je n'avais aucune
intention de m'enfuir. Enfin, je me fis faire une série
de photos qui furent envoyées à toutes les agences
de presse et largement publiées. Jusqu'alors je m'étais
volontairement dérobé aux objectifs ; certains pouvaient y voir, non pas un désir de discrétion, mais
une volonté de dissimulation. Cet argument tombait.
Désormais ma tête était connue de tous. Comment,
dans ces conditions, aurais-je pu me soustraire à la
justice ? Surtout dans la mesure où ce n'était pas ma
volonté. Je n'attendais qu'une chose : pouvoir m'expliquer et rétablir la vérité.

C'est donc confiants que nous nous rendîmes le 8 février au Palais de justice, Élisabeth Meyer, Guillaume Selnet et moi. La veille, toutefois, un fait m'avait préoccupé. Le journal *Le Monde* avait fait état d'une information surprenante. Moussa Bakir, le courtier avec lequel j'avais travaillé tout au long de 2007, y était présenté comme mon probable « complice ». Telle était du moins la rumeur que les avocats de la Société Générale tentaient d'accréditer auprès de l'opinion, et donc de la justice. La nouvelle, présentée comme une révélation décisive pour la suite de l'affaire, ne m'avait pas plu ; elle ne reposait sur rien et haussait mon dossier à la dimension inquiétante d'un noir complot. Le moment de stupeur passé, j'avais retrouvé ma confiance ; la ficelle était un peu grosse. C'est donc avec sérénité que je me rendis à l'audience, impatient d'en finir parce que, l'après-midi, je comptais bien suivre à la télé un match du championnat de France de rugby. Pour gagner du temps, je laissai mon manteau et mes cigarettes dans la voiture d'Élisabeth Meyer, persuadé que quelques heures plus tard je ressortirais libre de l'audience. Pour mes avocats comme pour moi-même, il était improbable qu'une décision autre que mon maintien en liberté soit rendue.

À l'approche du Palais de justice, je retrouvai l'habituelle foule des journalistes contenue par les barrières de sécurité. Nous gagnâmes rapidement la salle d'audience, vide de tout public car le huis clos avait été demandé, et où la cour pénétra bientôt. L'audience commença mal. Le président rejeta l'intervention de Guillaume Selnet au prétexte qu'il n'avait pas reçu en temps voulu l'attestation selon laquelle un deuxième avocat assurerait ma défense. Guillaume Selnet ne dissimula pas sa surprise ; il avait eu le président au téléphone la veille ! Le magistrat lui répliqua sèchement : « Je ne conteste pas que nous nous soyons parlé au téléphone, maître ; je vous dis simplement que je n'ai pas reçu votre attestation dans les délais légaux et qu'en conséquence vous ne pouvez assurer la défense du prévenu. » Nous nous regardâmes, stupéfaits. J'étais anéanti. La moitié des plaidoiries s'écroulait d'un coup.

Je suivis le réquisitoire du parquet qui demanda ma mise en détention, avec cette comparaison venue de nulle part : « 5 milliards, vous vous rendez compte de ce que cela fait ? C'est le prix de cinq centrales nucléaires. » Alors même que l'enquête ne faisait que débuter, j'étais déjà désigné comme coupable exclusif des faits, jugé avant d'avoir pu m'expliquer en détail. Le procureur poursuivit sur la même lancée : « Puis il a masqué des pertes de 2 milliards en juin 2007 à l'insu de la banque. » Je faillis m'étrangler. Cette personne se rendait-elle compte de ce qu'elle racontait ? Comment pouvait-elle croire qu'une banque, quelle qu'elle soit, et à plus forte raison la Société Générale, puisse perdre 2 milliards d'euros sans s'en rendre compte, alors que n'importe quel particulier qui est débiteur de 100 euros se voit immédiatement appeler dix fois au téléphone pour combler son découvert ?

Puis j'écoutai les trois avocats de la Société Générale avec l'impression d'être devenu une sorte d'ennemi public numéro 1, un type dont le maintien en liberté remettrait quasiment en cause l'ordre social. Ils se succédèrent les uns après les autres. C'était comme s'ils parlaient d'une autre personne que moi, tellement leurs propos étaient violents à mon égard, et parce que ce qu'ils disaient n'était pas la vérité. À plusieurs reprises, je me surpris à sourire tant leurs affirmations me paraissaient fantaisistes. L'un des avocats poussa même le bouchon jusqu'à mettre en cause le montant de mes factures de téléphone ! Si elles étaient si élevées, c'est évidemment parce que j'avais des complices. Mon regard croisa à plusieurs reprises celui d'une des assesseurs, chez qui je crus lire le même étonnement.

Enfin, maître Meyer prit la parole. Elle plaida seule face aux trois avocats de la Société Générale et le procureur, avec tout le talent et la conviction dont elle sut brillamment faire preuve. Elle redit que, loin d'avoir voulu me dérober à la justice, j'avais spontanément reconnu mes torts et répondu à toutes les questions sans jamais fuir ma responsabilité ; les procès verbaux de la garde à vue l'attestaient.

Lorsque le président me donna la parole, je déclarai avec fermeté que les allégations de la Société Générale étaient fausses, que j'avais répondu à toutes les convocations et ne cherchais en rien à me soustraire à l'instruction. La cour se retira pour délibérer. Il était temps, le match ne tarderait pas à commencer, comme je le dis sur un ton guilleret à un gendarme.

Trois quarts d'heure plus tard, les juges regagnèrent leurs fauteuils, et le verdict tomba. J'étais tellement persuadé que la décision me serait favorable qu'à son annonce, je ne l'ai pas entendue. Ensuite j'eus du mal à saisir, tellement j'étais abasourdi. Le ciel me tombait sur la tête. Je ne compris la formule, « mandat de dépôt », qu'en me retournant pour découvrir le visage décomposé d'Élisabeth Meyer. Je me levai, dans un état second, comme si je venais de prendre un violent uppercut, pour obéir au président qui m'intima l'ordre de suivre le gendarme, ajoutant, sur un ton qui me parut légèrement enjoué : « Au fait, j'oubliais de vous dire, ce sera la prison de La Santé. » Passant devant la double porte qui fermait la salle, j'aperçus dans le hublot la tête de mon frère, stupéfait et incrédule, les yeux pleins de questions, l'air de me dire : « Alors, c'est quoi la décision ? Tu vas où, là ? » Le gendarme me conduisit à l'étage de la souricière. Je découvris les impressionnants sous-sols du Palais de justice et ses longs couloirs, sans parvenir à réaliser ce qui m'arrivait, tandis qu'une soudaine envie de vomir me gagnait. On me fouilla avant de me placer en cellule dans l'attente de mon transfert. Les policiers, qui parurent eux-mêmes surpris de ce jugement, me montrèrent une certaine compassion. L'un d'entre eux murmura même : « On sait que vous n'y êtes pour rien, mais c'est comme ça. » Une policière, me faisant la visite guidée des lieux et de ce qui serait mon nouvel environnement : une cellule de neuf mètres carrés, me dit qu'elle ressemblait à celle qui serait la mienne à La Santé ; comme si elle me demandait de m'approprier les lieux ! Je ne réalisais toujours pas. Les événements continuaient à s'enchaîner sans que j'aie aucune prise sur eux, sans pouvoir dire stop, pour souffler et reprendre mes esprits. J'avais l'impression d'être dans une spirale infernale que je ne maîtrisais en rien. Je pensais à ma mère ; comment allait-elle prendre cette nouvelle ? Je ne pouvais même pas lui parler pour lui dire de tenir bon.

Combien de temps suis-je resté dans cette cellule dont je ne me rappelle rien ? Une demi-heure, une heure, ou plus ? Impossible de le dire. Je vivais un véritable cauchemar dont je me demandais s'il prendrait fin un jour.

CHAPITRE 8

La prison

LE FOURGON cellulaire partit dans la soirée pour La Santé, toutes sirènes hurlantes. On ne m'avait pas mis les menottes. Je ne vis rien du trajet, ni de mon arrivée à la prison, ni de l'agitation qui régnait à ses abords ; j'en découvris les images le lendemain à la télé dans ma cellule. Je fus stupéfait en les voyant : le fourgon où je me trouvais était précédé d'un véhicule aux portes latérales ouvertes où avaient pris place deux policiers cagoulés et armés de fusil. Tandis que la porte de la prison s'ouvrait, deux autres policiers en civil sortaient armes au poing, pour surveiller la rue. C'était moi, cette ombre dans le fourgon que j'avais rapidement aperçue sur l'écran ? J'avais peine à me reconnaître. Face à un tel déploiement de forces et tant de précautions, je m'interrogeai : c'est l'ennemi public n°1 qui est incarcéré ! Impossible que ces images me concernent. On avait l'impression qu'ils transféraient Carlos en personne.

Le sous-directeur m'accueillit. Il se voulut rassurant, « Vous ne resterez pas longtemps ici », avant de me demander si je voulais être seul en cellule, ou avec un autre détenu. Je répondis sans hésitation que

197

je préférais être seul. Ensuite se déroula le cérémonial auquel je commençais à être habitué mais que l'atmosphère carcérale rendait encore plus pénible, questionnaire d'identité, prise d'empreintes, fouille. Une assistante sociale s'enquit de savoir qui je voulais prévenir. Je répondis : « Mon frère. » Je me sentais atomisé, comme si j'avais basculé dans le camp des plus gros délinquants de France alors que je n'avais rien volé, pas même un centime. Puis on me remit un paquetage qui contenait une couverture, des draps, une assiette, des couverts et un jogging. Un des gardiens me donna quelques cigarettes. Je refusai de voir un médecin. Je n'avais pas besoin que la société montre de la sollicitude à l'égard de ma santé. Ça suffisait comme ça. La Santé, j'y étais.

Nous rejoignîmes le quartier dit VIP. Il comporte une dizaine de cellules et n'offre pas de caractéristiques particulières, sauf qu'il n'est pas surpeuplé. Pour le reste, l'ensemble du bâtiment que je découvrais était vieux, laid, sale et totalement déprimant. Le gardien m'ouvrit la porte de ma cellule. Elle avait les neuf mètres carrés réglementaires, avec un lit, une table, une chaise, un lavabo et des toilettes. Au point où j'en étais, elle ne me parut pas pire que ce que j'aurais pu craindre. Le gardien me recommanda la discrétion, me conseillant même de façon sibylline de ne pas trop me « mêler aux autres ». Je me laissai choir sur le lit, me préparant avec anxiété à passer ma première nuit en prison.

Il me fut impossible de dormir. Malgré la fatigue qui s'était abattue sur moi, je passais des heures à revivre le film de la journée, à ressasser chaque événement de l'audience, à me demander comment j'avais pu être aussi aveugle au sort qui m'attendait et aussi confiant dans le jugement de la chambre de l'instruction. Sans doute avais-je trop cru que la modération et l'humanité de Renaud Van Ruymbeke étaient partagées par les autres magistrats. Je m'étais trompé dans les grandes largeurs. Dès cette première nuit, j'ai aussi découvert qu'une prison ne dort jamais. Les bruits métalliques des portes, les plaintes des canalisations vétustes, les cris de ceux qu'on a collés au mitard, les hurlements des détenus qui, au fond de leur cellule, ne supportent plus leur sort, les coups frappés sur les portes avec les mains ou la tête, la souffrance, la misère et les angoisses des hommes, tout ressort avec la nuit. Je me retrouvais plongé dans un monde inconnu, et je ne savais rien du futur. Élisabeth Meyer, au moment de quitter le tribunal, avait eu beau me rassurer, « Je vais poser immédiatement une demande de remise en liberté », je ne cessais de m'interroger : où était le bout du tunnel ? Comment préparer au mieux ma défense en étant enfermé ici ? Tout se mit à tourner, je pensais à mes proches, à ma mère. Résisterait-elle à cette nouvelle catastrophe ? Dans le silence relatif de ma cellule, ces questions revinrent en boucle durant des heures. Et lorsque, pour de courts instants, je parvenais à calmer mon esprit et à m'assoupir, j'étais brutalement réveillé par la lumière qu'un gardien chargé de la ronde nocturne allumait. La lumière me fit souvent sursauter, cette première nuit ; six ou sept fois. J'appris quelques jours plus tard que les gardiens s'étaient relayés pour découvrir à quoi ressemblait le fameux Kerviel.

Le lendemain matin, au moment de m'habiller, je réalisai que je portais toujours ma ceinture et mes lacets ! Ma mise en prison avait sans doute eu pour principal objectif de protéger la société d'un dangereux criminel, mais certainement pas de le protéger contre lui-même ; je pouvais me pendre comme je voulais... Étrange comportement vis-à-vis de quelqu'un que l'on n'a eu de cesse de présenter comme psychologiquement faible et instable, voire suicidaire. Ce n'était donc pas pour me protéger de moi-même que l'on m'avait placé ici, comme certains l'avaient annoncé pour justifier de ma mise en détention. Pour compléter le tableau, un câble télé pendait le long du mur. La justice n'était pas à une contradiction près.

Il fallut rencontrer la psychologue ; une femme d'un abord agréable mais un peu surprenante, qui se contenta pour le premier jour de me poser des questions sur mon moral et de me proposer des pilules pour dormir. Je les refusai. Elle insista jusqu'à me faire accepter un demi somnifère que, sitôt revenu en cellule, je posai sur la table où il resta tout le temps de ma détention. Je ne voulais pas rentrer dans ce système, devenir l'un de ces types suspendus dans l'attente de leurs cachets du soir. Par la suite la psychologue me ferait sortir de cellule pour me parler de ce qu'elle avait lu dans la presse, me poser des questions, tenter de savoir comment je réagissais à telle ou telle nouvelle. Sans doute mon affaire l'intéressait-elle plus que ma personne.

Alors que je réintégrai ma cellule après ma première visite à la psychologue, j'entendis un inconnu m'apostropher d'un sonore « salut Jérôme ». L'avais-je déjà rencontré, et où ? À la brigade ou au pôle financier, au Palais de justice, ou encore la veille en arrivant à la prison ? L'homme, habillé en civil, avenant et chaleureux, me fit asseoir dans ce qui me sembla être une salle d'activités réservée aux détenus qui donnait sur le couloir des cellules. Il m'expliqua posément le fonctionnement du quartier, les horaires, la salle de sport, les promenades, et s'enquit de ce dont j'avais besoin le temps que mes proches me fassent parvenir mes affaires. Ce devait être une sorte d'éducateur que l'administration pénitentiaire chargeait d'accueillir les nouveaux arrivants. Tout en parlant il prépara un café dans une boîte de Ricorée coupée en deux où il plaça un thermoplongeur ; étrange, de la part d'un éducateur. Il m'expliqua aussi que j'étais attendu depuis la veille, en début d'après-midi ; mon nom avait circulé dans le quartier et la cellule que j'occupais avait été nettoyée. Je sursautai ; en début d'après-midi, l'audience de la chambre de l'instruction n'avait pas encore commencé. Qui pouvait donc connaître sa décision ? Mon interlocuteur ne sut pas me répondre. Mais c'était assez pour jeter le trouble en moi. Si toute la procédure devait se dérouler selon le même scénario, j'étais mal parti. Aujourd'hui encore, je ne sais que penser. Cet homme cherchait-il à jouer au plus malin, comme il est d'usage en prison ? Les dés étaient-ils pipés avant même l'audience ? J'ai du mal à le croire, et pourtant... Quelques jours plus tard, une personne bienveillante à mon égard me dirait avoir appris de source judiciaire la chose suivante : « Kerviel aurait pu faire tout ce qu'il voulait, il y allait (en prison) de toute façon. La décision était prise avant. »

L'inconnu affable finit par se présenter. Il me confia avec un certain naturel : « Je suis là pour viol. » Gros blanc de ma part. Je me dis à ce moment que je vivais un cauchemar. Puis il déclina son identité. Il s'appelait Patrick Trémeau. Sur le moment, le nom ne me dit rien. Il précisa d'un ton enjoué, comme s'il m'annonçait une bonne nouvelle : « Mais si ! Tu sais, celui que la presse a surnommé *le violeur des parkings.* » Je tentai de garder mon naturel. Celui que j'avais pris pour un agent administratif était un grand criminel. C'était la première fois que je me retrouvais face à un individu de ce genre. Où avais-je mis les pieds ? Dès lors je me tins sur la réserve, même si tout au long de ma détention l'homme se montra attentionné à mon égard. Il s'empressa ensuite de me raconter son histoire, que j'écoutai avec un mélange de dégoût et de curiosité ; car son comportement tranchait avec les faits qui lui étaient reprochés. J'essayais de comprendre comment il avait pu en arriver là et comment il se soignait dans le cadre de la prison. Il m'avoua qu'il avait conscience d'avoir un problème mais que malgré ses demandes de soins rien n'était organisé.

Durant la matinée tout le monde défila pour se présenter et me voir. Le quartier VIP ne contenait pas à cette époque de personnalités notoires, à l'exception d'un ancien policier qui avait connu une brève heure de gloire médiatique. Par la suite je participai un peu aux activités de groupe afin de ne pas rester en marge de tout le monde ; par exemple je jouais de temps en temps aux cartes, mais sans plus. Je n'avais pas envie de sortir de ma cellule où je passais mon temps à

lire, à regarder la télé et à réfléchir sur mon dossier. Je
tentais de m'abstraire des articles et informations télé-
visées qui me concernaient. Les journalistes continuaient à piétiner ma vie privée avec un irrespect
total ; les noms, identités et visages de mes proches
étaient étalés sans vergogne. C'étaient autant d'épreuves quotidiennes dont je devais me protéger.

Je n'allais jamais en promenade et prenais ma
douche très tôt le matin pour ne rencontrer personne.
Élisabeth Meyer et Guillaume Selnet venaient me
rendre visite une ou deux fois par semaine pour travailler avec moi. Mon frère et mon amie se succédèrent au parloir. Ma mère vint me rendre visite une
fois. Ce fut un moment particulièrement pénible. Je
revois son regard lorsque j'entrai dans l'espèce de
couloir où avaient lieu les visites ; un regard atterré
et perdu. Je m'assis face à elle et tentai, vaille que
vaille, de dissimuler mon émotion et de ne pas me
mettre à pleurer. Nous restâmes longtemps silencieux
avant de pouvoir échanger quelques phrases banales.
Oui, j'allais bien, j'étais bien traité, il ne fallait pas
qu'elle s'inquiète. J'avais le sentiment que nous nous
croisions dans le même mauvais rêve dont nous
allions bientôt nous réveiller. Malheureusement, ce
rêve n'en finissait pas. La rencontre dura quarante-
cinq minutes, le temps réglementaire, ces trois pauvres
quarts d'heure que tout détenu attend pendant des
jours et qui passent comme un éclair. J'étais comme les
autres. Le parloir hebdomadaire, c'était la bouffée
d'oxygène au milieu de l'asphyxie, la fenêtre de la
prison vers l'extérieur, la vraie vie. Même les deux
fouilles rituelles, avant et après le parloir, je finis par

les prendre avec indifférence. J'aurais pu en subir des dizaines rien que pour le bonheur de voir celui ou celle que j'aimais et de pouvoir lui parler pendant ces trop courts instants.

En dehors de ces parenthèses, les journées s'écoulaient dans une atonie morne. Je me refaisais sans fin le film des dernières semaines, essayant de trouver une cohérence au milieu de ce chaos. Certaines heures étaient pires que d'autres ; c'étaient celles où le manque de mes proches et l'incertitude de l'avenir me taraudaient. Je restais alors prostré au fond de ma cellule, refusant de voir quiconque. Heureusement, les nombreuses lettres que je recevais, de mes proches mais aussi d'inconnus, m'empêchaient de sombrer dans le désespoir. Que ces lignes me soient l'occasion d'exprimer ma gratitude à toutes ces personnes que je ne rencontrerais sans doute jamais. Leurs paroles furent autant de bouffées d'oxygène venues de l'extérieur. Je n'en dirai pas autant de la lettre qui officialisait ma situation : la Société Générale me licenciait pour faute lourde.

Une autre me bouleversa. Ma mère, qui écrit peu et n'est pas une femme expansive, m'y disait son amour et la confiance qu'elle avait en moi. Ses quelques lignes déclenchèrent un torrent de larmes. Je prenais conscience qu'au fil des mois et des années, j'avais perdu le contact avec l'essentiel et m'étais égaré dans une existence qui n'en valait pas la peine. L'affection de mes proches et les vraies valeurs de la vie, je m'en étais détourné sans même m'en rendre compte. À force de courir après la performance, je m'étais coupé de l'essentiel. Ceux que j'avais cru être des amis ne l'étaient pas. Mais les autres, ceux que j'aimais et qui m'aimaient, je les avais laissés au bord du chemin parce qu'il fallait aller de l'avant, toujours plus vite, dans une course incessante qui m'avait mené là où je me trouvais maintenant : au cœur d'une vraie catastrophe.

Un soir, l'auxiliaire chargé de la distribution de la nourriture me dit à mi-voix de ne pas toucher à ce qu'il m'apportait. « Jette ta bouffe ! Je t'expliquerai. » Interdit, je m'exécutai et laissai mon plateau intact. Quelques minutes plus tard, toujours aussi énigmatique, le même auxiliaire m'apporta sans un mot un bout de pain et deux fruits. Que se passait-il ? Je me nourris comme je pus, attendant une explication. Elle ne tarda pas. Le lendemain matin, alors que je prenais ma douche, j'entendis quelqu'un m'appeler à mi-voix. C'était l'auxiliaire. Il m'attendait à la salle d'activités. Je le rejoignis. La veille, il avait saisi des bribes de conversation entre plusieurs personnes, sans que je réussisse à saisir s'il s'agissait de détenus ou de gardiens. Ils avaient projeté, selon lui, de me rendre malade en versant des médicaments dans ma nourriture pour que je parte à l'infirmerie où on m'aurait pris en photo. Ma valeur médiatique était toujours au sommet. Faire sortir de La Santé des photos de Kerviel en prison pouvait valoir de l'or.

Impossible de savoir si l'information de l'auxiliaire était vraie ; toutes les rumeurs, des plus vraisemblables aux plus folles, circulent en prison. Je n'en étais pas moins perturbé, et m'ouvris de mes craintes auprès de maître Meyer lors du parloir suivant. Elle ne cacha pas sa stupeur. « Une raison supplémentaire pour te sortir de là au plus vite », conclut-elle. Mais comment ? L'aboutissement de la demande de remise en liberté qu'elle venait de déposer me paraissait improbable ; ce serait complètement stupide et incohérent de me remettre en liberté un mois après m'avoir mis en détention me dis-je ; ils ne vont pas se déjuger aussi rapidement. Pour me protéger, j'avais donc choisi de ne pas y croire. Si la décision du juge Van Ruymbeke avait reçu un démenti cinglant de la chambre de l'instruction, que pouvais-je espérer ? Existait-il aujourd'hui plus de raisons sérieuses de me mettre en liberté qu'il y en avait eu hier de me placer en détention ? Je ne le pensais pas.

Quelques jours plus tard, lors d'un transfert au pôle financier, je m'ouvris de l'incident de la nourriture prétendûment toxique auprès d'un gendarme avec qui j'avais plusieurs fois discuté. Il me promit de mener une enquête discrète auprès de gardiens qu'il connaissait. Le lendemain, je fus convoqué chez le sous-directeur. Il paraissait soucieux : « Vous avez des problèmes ? », me demanda-t-il. Je lui répondis que des bruits étranges circulaient, mais que je n'avais aucune preuve. Par quel canal cette histoire de photos était-elle remontée jusqu'à lui ? Un mystère de plus sur la circulation accélérée des nouvelles en prison. Plusieurs jours s'écoulèrent avant que je revoie le gendarme. Celui-ci me confirma que quelque chose avait été tenté pour prendre des photos de moi. Il n'en savait pas plus, mais m'assura que l'administration avait le réel souci de me protéger ; ce dont j'avais déjà l'intuition. Un scandale touchant un des détenus du quartier VIP, surtout médiatisé comme je l'étais, et c'était le début de gros ennuis pour l'administration pénitentiaire. Mon séjour à La Santé s'est donc déroulé sans que je rencontre de vrais problèmes. À l'exception de quelques rares gardiens qui ne se gênaient pas pour me dire tout le mal qu'ils pensaient de moi, je n'ai rencontré que des agents corrects.

Je fus transféré à quatre reprises au pôle financier durant ma détention. Une ou deux fois, j'y arrivai menottes aux poignets. À chaque fois, je subissais deux ou trois fouilles à l'aller et autant au retour : celle de l'administration pénitentiaire d'abord, celle de la police ensuite, avant la troisième au pôle financier, mais où les gendarmes s'en dispensaient générale-ment car j'étais devenu un client régulier. Cela m'était égal, comme le reste. J'avais en revanche conscience d'arriver dans le cabinet du juge en état d'infériorité. Préparer des audiences en détention n'est pas facile. Les pièces manquaient, je voyais peu mon avocat, j'avais du mal à me montrer réactif et offensif.

Lors de mon premier transfert, Renaud Van Ruymbeke tint à me préciser, avec une gêne visible, qu'il n'était pour rien dans la décision de la chambre : « J'étais opposé à votre placement en détention ; vous l'avez bien vu. » Je le savais, mais cela ne changeait rien ; j'étais bel et bien en prison. Il s'informa de mon moral et de ma santé. J'éludai les réponses. La barque était suffisamment lourde pour ne pas en rajouter dans le pathos. Sans doute était-il embêté parce qu'un détenu coopère moins avec son juge d'instruction qu'un homme libre ; il se braque et ne parle plus. Ce ne fut pas mon choix, et je le lui dis. Je ne changerais pas d'attitude face à lui et ne me fermerais pas à ses questions.

J'avais pourtant du mal à saisir certains aspects de la machine judiciaire et ne parvenais pas à m'ôter de l'esprit le sentiment désagréable que les dés pouvaient y être pipés. Le jour de ma mise en détention, Moussa Bakir avait été placé en garde à vue. Un journal n'hésita pas alors à titrer sur « Kerviel et son ami musulman », ressortant ainsi des oubliettes la vieille histoire du Coran trouvé à mon domicile lors de la perquisition. Moussa fut libéré dès le lendemain midi sans qu'aucune charge ne soit retenue contre lui. Un des motifs mis en avant par les avocats de la Société Générale pour mon incarcération, c'était notre prétendue complicité ; cette thèse n'avait pas résisté à quelques heures d'interrogatoire. Mais moi, j'étais toujours en prison. Quant à Moussa, je découvris plus tard, à la lecture des procès-verbaux d'instruction, qu'il n'était pas l'ami fidèle que j'avais cru. Ce fut une réelle épreuve, une de plus. Je ne croyais plus guère aux institutions ; mais découvrir qu'on ne pouvait pas accorder sa confiance aux individus qu'on pense être des amis fut un choc.

J'avais commencé à travailler avec lui vers le milieu de 2007, et ce à sa demande. Nous nous étions connus quelques années plus tôt, alors que nous étions tous deux assistants traders. Puis il avait été engagé dans un cabinet de courtage avant de reprendre du service dans une filiale de la Société Générale, la Fimat, toujours comme courtier. Lors d'un déjeuner, il s'ouvrit auprès de moi des difficultés de son nouveau poste et de ses craintes ; la Fimat devait prochainement fusionner avec Calyon, une filiale du Crédit Agricole, et Moussa redoutait que cela n'entraîne son départ. Il lui fallait donc faire du chiffre. Je le rassurai ; je n'avais jamais eu l'idée de travailler avec lui, mais pourquoi pas ? Je ferais donc appel à ses services pour déboucler certaines de mes positions. Comme je commençais alors à traiter des sommes de plus en plus grosses, Moussa empocha très vite de solides commissions, et c'était tant mieux pour lui. Un soir, fin 2007, il me demanda si, à mon avis, un bonus de 50 000 euros était crédible. Je ne connaissais que le montant des commissions en question, 6 millions d'euros. Au vu de ce seul chiffre, demander un bonus de 50 000 euros ne me semblait pas irréaliste. Les procès verbaux d'instruction m'apprirent plus tard qu'il avait touché un bonus de 500 000 euros au 3e trimestre, et qu'un million lui était promis au quatrième... Pourquoi avait-il joué au naïf qui demande conseil ? Pourquoi avait-il été impliqué dans une enquête menée par le service de l'audit interne de la banque, intrigué par l'explosion des volumes négociés par lui, à la fin de 2007, et ne m'en avait-il pas parlé ? Une fois de plus, il me fallait constater, avec dépit, que la confiance entre financiers n'existe pas, même quand ils se disent proches. Le constat était amer. J'avais donné sept ans de ma vie à une société pour moisir dans une cellule de prison, et mes amis se révélaient intrigants et dissimulateurs. La célèbre réflexion de Michael Douglas dans le film *Wall Street*, « Si tu veux un ami, paie-toi un chien », était sinistrement vraie. Des collègues avec qui je sortais, passais des week-ends, qui m'invitaient à leur mariage, me laissèrent tomber sans aucun état de conscience après avoir tous mangé dans la gamelle et profité de la situation. J'avais généré 6 % des résultats annuels déclarés de celui-ci, 7 % de celui-là, et 10 % du troisième. Mais questionnés par la justice, ils avaient subitement tout oublié.

Un matin, début mars, je m'apprêtais à descendre au parloir rencontrer mon amie venue m'encourager pour mon audience de demande de remise en liberté prévue en début d'après-midi, lorsqu'un gardien m'annonça que je devais partir à la fouille pour être « extrait », sans m'en donner la raison. J'en fus surpris. Je lui dis alors que j'avais un parloir prévu au même moment. Il n'en avait rien à faire, le parloir était annulé. Je songeais alors que les ennuis étaient loin d'être terminés et que la journée s'annonçait mal. Aussitôt arrivé au Palais de justice, on me descendit à la souricière, où je découvris une rangée de cellules qui n'avaient rien à voir avec celles de l'autre fois. Elles étaient d'une saleté, d'une vétusté et d'une puanteur impressionnantes. J'y restai à ruminer sur mon sort toute la matinée et le début de l'après-midi, jusqu'à 15 heures.

Durant l'audience mes avocats purent plaider tous les deux et développèrent les nombreux arguments en faveur de ma remise en liberté. Et comme un mois plus tôt, les conseils de la banque bétonnèrent leurs attaques. À les entendre, j'aurais gravement porté préjudice à la Société Générale, dégradé son ambiance de travail et ruiné le moral de ses employés. Ils répétèrent plusieurs fois une formule choc : j'avais fait perdre à la banque l'équivalent de cinq centrales nucléaires, reprenant ainsi les accusations du procureur lors de la première audience. Enfin ils sortirent le nom d'un nouveau complice, un trader mis en garde à vue quelques jours plus tôt, Manuel Zabraniecki, un autre ami avec lequel je développais une stratégie de trading à l'époque et sortais assez régulièrement. Les voilà qui refont le même coup, pensais-je ; peut-être que leur petite théorie du complot va encore marcher une deuxième fois. À la différence du 8 février, j'étais tout sauf serein en les écoutant.

La surprise vint de l'avocat des parties civiles qui défendait les petits porteurs. Il affirma que je n'étais pour rien dans cette histoire et qu'en conséquence, il ne demandait pas mon maintien en détention. Lors de la première audience, il s'était montré neutre ; ce changement d'optique constituait une bonne surprise. Lorsque je pris la parole à mon tour, ce fut pour répéter ce que je disais depuis le début et maintenir que je n'avais aucun complice.

– Ce n'est pas ce que vous prétendez dans l'instruction à propos de Thomas Mougard, observa le président. Vous lui taillez un costard.

– J'ai simplement dit qu'il était informé de mes opérations, et rien de plus, répondis-je.

Thomas Mougard était l'un des assistants traders avec lequel je travaillais. Devant les juges d'instruction, j'avais soutenu qu'il était au courant comme les autres de ce que je faisais, souhaitant par là apporter une preuve supplémentaire de la circulation des informations dans une salle de marchés. Mais le président du tribunal voulait voir dans mes propos une attaque contre mon collègue, d'où ma mise au point, et une nouvelle tension de l'atmosphère. Ensuite il annonça la mise en délibéré du jugement, qui serait rendu la semaine suivante. De son côté, Mougard avait expliqué qu'il ne se rendait pas compte du caractère fictif des opérations qu'il saisissait, fût-ce quand il s'agissait de saisir une provision de 1,5 milliard d'euros pour annuler le résultat dans le système informatique. Mis en examen dans un premier temps, il bénéficia d'un non-lieu.

Je redescendis à la souricière, où quelque chose d'imprévu se produisit. Pour la première fois depuis mon incarcération, **je** craquai nerveusement. Je n'avais qu'une seule idée : rentrer dans ma cellule, retrouver le seul endroit qui était devenu mon chez moi, mon unique lieu de vie. C'est là où je me sentais bien, soustrait aux agressions extérieures. Pendant sept ans, c'est la Société Générale qui avait constitué mon havre ; aujourd'hui, c'était ma cellule. Chercher ainsi des refuges hors de ma propre vie prouvait que je n'allais pas bien. Il était temps de ne plus fuir d'un lieu à un autre pour me protéger du monde extérieur ; c'est en moi-même que je devais me retrouver, et nulle part ailleurs. Mais dans l'immédiat, je me répétai que je ne sortirais pas, et qu'il valait mieux reprendre mes habitudes qu'espérer une remise en liberté qui ne se produirait pas.

Mes avocats se montraient plus optimistes. Ils avaient fait courir le bruit que si le jugement de la chambre m'était à nouveau défavorable, ils se pourvoiraient en cassation. Un motif fort les poussait à envisager cette hypothèse : le procès-verbal de la première audience mentionnait la plaidoirie de maître Selnet, alors que le président l'avait exclu des débats. Outre qu'un recours en cassation n'est jamais bon pour la carrière d'un président de chambre, il s'agissait là d'une lourde faute de procédure qui augurait d'une décision favorable. Mais je m'interdisais d'y croire, pas plus qu'à l'issue de l'audience qui venait de se dérouler.

Ce qui ne m'empêcha pas, la semaine suivante, d'attendre comme un lion en cage en regardant la télé. Un jour, la porte de ma cellule s'ouvrit et un gardien m'annonça : « Avocat ! » Je descendis, distinguai mal le visage de maître Meyer et lui lançai : « Ce n'est pas bon ? – Si ! », me répondit-elle avec un large sourire. Je m'étais tellement conditionné à un échec que, durant quelques brèves secondes, je ne réalisai pas la nouvelle. Puis ma joie éclata. J'étais de nouveau libre. Élisabeth Meyer envoya Guillaume Selnet récupérer à mon domicile ma carte d'identité que j'avais oubliée, et qui m'était indispensable pour sortir – même si je n'avais eu aucune difficulté à entrer en prison sans elle !

J'appris qu'une horde de journalistes attendait devant la porte principale de la Santé. Christophe Reille, le consultant qu'Élisabeth Meyer avait chargé de veiller sur ma communication, avait négocié avec eux des photos à ma sortie afin qu'ils me laissent tranquille ensuite et ne passent pas leur temps à me traquer. Tout était organisé pour que je sorte par une porte dérobée. Christophe m'y cueillit pour me déposer au bout de la rue, le long de laquelle j'ai ensuite marché vers les journalistes en compagnie de mon avocate. Ils devaient être une bonne cinquantaine, massés derrière des barrières. J'étais ailleurs, je ne me rendais compte de rien, tellement pressé d'en finir que j'accélérai le pas, ne laissant *a priori* pas le temps nécessaire aux journalistes qui voulaient des photos et quelques mots, à tel point qu'Élisabeth Meyer me prit le bras pour me faire ralentir et me demanda de leur faire un geste. Je levai alors la main et souris. Par la suite certains ont voulu voir dans mes cinq doigts une référence explicite aux 5 milliards de perte de la Société Générale, et dans mon sourire une sorte de défi. Un journal alla même jusqu'à parler d'un sentiment de triomphe : « Kerviel descend les marches de Cannes ». Dans cette affaire j'ai toujours été surpris par l'analyse des journalistes portant sur le moindre détail ; l'un voyait ici un trait de personnalité au détour d'un sourire, un autre le signe d'un état d'esprit en raison d'un geste. Pourtant ce jour-là aucune analyse ne correspondait à ce que j'avais en tête au moment de ma sortie. Non, ce n'était pas une sortie triomphale. Bien sûr j'étais content d'être libre, mais à aucun moment je n'ai eu la volonté d'être arrogant.

Ce moment terminé, nous nous rendîmes tous trois chez Élisabeth Meyer, d'où je passai un coup de fil émouvant à ma mère. Mon avocate me donna connaissance des nouvelles conditions du contrôle judiciaire. Je n'avais pas le droit de quitter l'Île-de-France ni de rencontrer un certain nombre de personnes travaillant à la Société Générale, très précisément vingt-trois. Surprise : parmi eux ne figurait pas Moussa Bakir. Je jugeai que c'était quand même du « foutage de gueule » dans les grandes largeurs : lui, mon prétendu complice, je pouvais le rencontrer. Je devais également aller pointer toutes les semaines au commissariat. Puis ce fut la décompression. Élisabeth Meyer s'était absentée avec Christophe Reille pour répondre aux questions des journalistes. Je me souviens que nous avons regardé avec Guillaume Selnet l'émission *Des chiffres et des lettres*, tranquillement, sans un mot. Ce moment était pour moi totalement surréaliste. Il m'a fallu au moins deux ou trois jours pour comprendre ce qui m'arrivait.

Après trente-huit jours d'incarcération, un nouvel épisode de ma vie commençait. Quel serait le prochain ? Je n'en avais pas la moindre idée. Pour l'heure, l'instruction mobilisait toute mon énergie.

CHAPITRE 9

L'instruction

Lors des premières rencontres, Renaud Van Ruymbeke se montra bienveillant à mon égard. Inquiet lors de ma mise en détention préventive, je le vis soulagé lorsque la chambre de l'instruction me remit en liberté ; d'abord d'un point de vue humain, parce que le juge était par principe hostile à la mise en détention provisoire. Mais aussi pour des raisons judiciaires : je l'ai dit, un homme libre collabore mieux avec la justice qu'un prisonnier.

Mais j'ai senti assez rapidement que son attitude à mon égard se modifiait. Sans doute avait-il du mal à suivre la technicité de l'affaire. Il s'en ouvrit d'ailleurs auprès de certains avocats avec lesquels il avait l'habitude d'échanger, hors instruction. Je le comprends. Ce monde n'était pas le sien, et il n'avait guère eu l'occasion de s'y confronter. Or mes explications, autant que celles de mes conseils, ne demandaient pas seulement une bonne connaissance des mécanismes financiers ; elles nécessitaient une perception aiguë de la réalité d'une salle de marchés. Le juge Van Ruymbeke ne l'avait pas. Et pour cause : il ne s'était que rarement trouvé face à des produits financiers aussi récents. Ceux-ci étaient apparus vers le milieu des années quatre-vingts, avec la financiarisation progressive de l'économie et le mouvement planétaire de libéralisation des marchés, pour prendre leur ampleur dans les années deux mille avec l'explosion des produits dérivés. Qu'un juge d'instruction n'en possède pas une bonne connaissance n'avait donc rien de surprenant.

Il me parut plus étrange qu'il ne cherche pas à l'acquérir par lui-même. Au lieu de cela, il s'en remit aux déclarations de la Société Générale pour établir sa conviction. À mon point de vue, celle-ci parvint à l'abuser dès les débuts de l'instruction et à lui faire prendre des vessies pour des lanternes. J'en donnerai des exemples. Mais cette découverte fut d'autant plus dure que je n'ai jamais dissimulé mes fautes. J'aurais d'ailleurs eu du mal ; elles étaient emblématiques du métier de trader. Puisque j'avais pu agir avec une telle liberté, c'est que le système le tolérait, voire l'encourageait. Dresser face à face, comme souhaitait le faire la banque, les carences des systèmes de contrôles qui mobilisaient des centaines d'employés et la prétendue inventivité d'un homme seul relevait par conséquent d'un scénario absurde. Il est vrai que Renaud Van Ruymbeke avait pour mission d'instruire le dossier d'un homme, et non de juger une institution bancaire. Entre la vision des faits que je tentais de lui transmettre et la sienne, dictée par les besoins de l'instruction, s'instaura donc un malentendu qui ne cessa de croître au fil des mois.

Un jour, face aux blocages incompréhensibles auxquels nous nous heurtions, mes avocats et moi, l'un d'eux eut ce cri du cœur : « Mais ce n'est pas possible, monsieur le juge ; vous avez reçu des instructions ! » Renaud Van Ruymbeke se raidit, devint blême, et jeta : « Si c'était le cas, maître, je me serais empressé de faire le contraire. » Je le crois volontiers. La rigueur morale, l'indépendance de Renaud Van Ruymbeke ne souffrent pas de mise en cause. Son intime conviction s'était donc forgée à un autre niveau de conscience. Un être peut se retrouver sous influence à son insu, parce que l'institution qu'il a en face de lui est surpuissante tandis que l'homme qui soulève des questions est seul. À force de crever les yeux, les choses deviennent invisibles ; la formule le dit d'elle-même. J'ai tendance à croire que, pour la seule fois dans une carrière ponctuée de positions courageuses et indépendantes, Renaud Van Ruymbeke a connu cet aveuglement ; les évidences étaient trop énormes pour qu'il puisse les croire.

Mon instruction a été pour l'essentiel menée à charge. Le juge n'est pas tombé dans les panneaux du détournement de fonds, de l'enrichissement personnel et des complicités multiples ; en prenant de tels angles d'attaque, la Société Générale ratait sa cible. Sans doute a-t-il été ébranlé par nos démonstrations selon lesquelles « l'introduction frauduleuse dans des systèmes de données informatiques » n'avait pas de sens ; comme je l'ai dit, pourquoi aurais-je masqué des écritures alors que les contrôleurs le faisaient eux-mêmes ? Mais il a refusé que la démonstration aille jusqu'à son terme. J'avais outrepassé les limites habituelles, j'avais mené des opérations fictives, cela suffisait. Que par ailleurs une puissante banque ne sache fonctionner que sur de telles bases et qu'elle les utilise de façon erronée, c'en était trop. Renaud Van Ruymbeke n'a jamais pu franchir la ligne ténue qui sépare les fautes d'un homme du fonctionnement pervers d'une institution ; pour les mêmes raisons, il n'a jamais pu faire la distinction entre les responsabilités de certains et celles de l'institution.

Alors que je m'épuisais à répéter des évidences, je ne percevais pas qu'aux yeux des juges elles m'enfonçaient au lieu de me disculper. En trois ans, disais-je à Renaud Van Ruymbeke, j'ai vu croître mes résultats de 1 700 % ! Dans quelle entreprise peut-on obtenir une telle croissance sans truquer ouvertement les règles ? Durant ces mêmes trois ans, j'ai laissé plus de 900 opérations en pending, c'est-à-dire en ne renseignant jamais les contreparties avec lesquelles la banque était supposée avoir négocié des milliards d'euros, contreparties d'autant moins référencées dans ses fichiers qu'elles n'existaient pas ! En poussant le raisonnement jusqu'à son terme, où étaient passées les règles qui, dans le monde bancaire, régissent la lutte contre le blanchiment d'argent auquel aurait dû faire songer une telle circulation occulte de masses financières ?

Les juges ne voulaient pas admettre que, depuis le début, tout m'avait conforté dans mes attitudes. J'étais parvenu à une place, celle de trader, qui n'était pas la mienne. Là, j'ai très vite eu le sentiment que j'avais une sorte de feeling du marché, au point que de nombreux collègues venaient me demander conseil sur leurs propres opérations. Lors de l'instruction, l'un d'entre eux déclara même que j'étais capable de gagner 400 000 euros en quelques minutes alors que lui n'en faisait que 700 000 sur le mois ! Tout le monde, collègues et responsables, savait que je gagnais beaucoup d'argent et s'en réjouissait : la banque en tirait le plus grand profit. Malheureusement, Renaud Van Ruymbeck ne réagissait jamais quand les propos, les miens comme ceux des autres, mettaient au jour la logique du système. Et mes aveux, loin de le déstabiliser, renforçaient au contraire ses certitudes : j'avais réalisé plus de 900 opérations en pending, donc j'étais coupable. Au-delà de cette évidence, j'avais l'impression qu'il ne m'écoutait plus.

Il y eut deux types de rencontres : les auditions et les confrontations. Pendant les unes, je répondais aux questions du juge, je commentais les pièces du dossier, j'expliquais mon travail. Les autres me trouvaient en face à face avec des personnes employées par la Société Générale. Dès les premières rencontres, je compris que le rapport de forces était déséquilibré. Éric Cordelle, Martial Rouyère, Alain Declerck, Nicolas Bonin, Philippe Baboulin étaient devenus des inconnus qui ne me regardaient pas et répondaient avec gêne aux questions du juge. Leurs déclarations pouvaient se résumer d'une phrase : ils n'avaient rien vu, donc rien su. Ma surprise fut grande de découvrir que Renaud Van Ruymbeke ne cherchait pas à les sortir de leur retranchement et ne semblait pas surpris par leurs carences professionnelles. Sa thèse tenait en une phrase : il était clair qu'ils s'étaient montrés laxistes, mais je ne les en avais pas moins abusés.

Le lendemain de la confrontation avec Éric Cordelle, la première qui me mettait face à un responsable de la banque, *Le Monde* titra son article : « Le juge, le trader et le naïf ». Van Ruymbeke y fit allusion lors de l'audition suivante, et me confia qu'il adhérait au jugement du journal ; Éric Cordelle lui était en effet apparu naïf et limité dans sa perception des choses – analyse contraire à celle de Martial Rouyère, qui voyait en lui un professionnel compétent. Du reste mon supérieur direct avait déclaré au juge qu'en 2007, sa mission consistait à se former à ce nouveau poste... Je fis alors remarquer à Van Ruymbeke que la Société Générale était bien généreuse d'octroyer un bonus de 700 000 euros à un manager « naïf » qui laissait passer des fautes aussi lourdes au sein même de son équipe. Il ne releva pas.

La confrontation avec Jean-Pierre Mustier fut plus chaude. Le grand patron me parut fragile, peu sûr de lui, approximatif et confus dans ses réponses – de manière générale, plus on montait dans la hiérarchie de la banque et plus les responsables semblaient en difficulté face au juge. Les questions portèrent sur des aspects techniques. Éric Cordelle et Martial Rouyère avaient affirmé que la limite d'engagement de 125 millions d'euros pour l'ensemble des huit traders du desk ne s'appliquait qu'à la fin de la journée, une fois tous les soldes calculés. Jean-Pierre Mustier, comme Christophe Mianné, soutinrent que cette limite fonctionnait aussi *intra day*. C'était évidemment faux. Je le leur fis remarquer ; les limites étaient aussi poreuses *intra day* qu'*extra day*, comme les faits le prouvaient quotidiennement. Un de mes avocats posa alors une question habile : que se soit pendant la journée ou le soir, que se passait-il si un trader dépassait la limite ? Christophe Mianné n'hésita pas à répondre : il était licencié. « Vous est-il arrivé de licencier quelqu'un ? », demanda alors l'avocat. « Jamais », répondit Christophe Mianné. Ce seul mot ruinait les affirmations antérieures et, dans la bouche du grand patron de la banque, constituait un aveu lourd de conséquences : les règles existaient, et cependant personne ne les respectait car chacun savait qu'il ne serait pas sanctionné. Mais Renaud Van Ruymbeke fit de cet échange une autre lecture. Il retint qu'aucune sanction n'ayant jamais été prononcée, le cas ne s'était jamais produit... sauf pour mes propres opérations !

Un raisonnement simplissime infirmait la thèse de la Société Générale. Compte tenu des gains officiels que j'avais réalisés en 2007, soit 55 millions d'euros, et dont chacun s'était félicité, un calcul rapide, quotidiennement opéré par les traders, permettait d'aboutir à des engagements financiers de l'ordre du milliard et demi... On pouvait prendre la barre des 125 millions de toutes les manières possibles ; à lui seul un des huit traders du desk l'avait explosée. Comment cela avait-il pu échapper à des responsables aussi sourcilleux de faire respecter la limite de 125 millions ?

La confrontation avec mon n+3, Philippe Baboulin, constitua un autre moment crucial. Le matin, la Société Générale avait fait savoir au juge qu'il fallait ménager l'homme, car il était cardiaque ; une consigne que Renaud Van Ruymbeke passa aussitôt à Élisabeth Meyer. Lorsque Philippe Baboulin évoqua à propos de certaines de mes opérations « une technique bien connue pour cacher du résultat », le juge refusa dans un premier temps de consigner la phrase ; il craignait peut-être pour la santé du témoin lors de la relecture du procès verbal. Mes avocats et moi-même dûmes insister pour que cette notation ne passe pas à la trappe.

De ces centaines d'heures d'auditions et de confrontations, j'ai gardé d'autres souvenirs mémorables. Concernant la question des écarts de méthode, dont un étudiant de première année aurait pu en dix secondes calculer à quels engagements ils correspondaient, mes responsables soutinrent sans le moindre état d'âme que les miens n'étaient pas suffisamment importants pour attirer leur attention. Compte tenu des sommes travaillées chaque jour dans une salle, ils ne représentaient pas des sommes si extraordinaires que ça… Leur démonstration fut d'autant plus laborieuse qu'elle était impossible. Je vis alors Renaud Van Ruymbeke perdre pied dans les chiffres, les termes, les calculs, et s'accrocher aux affirmations des cadres de la banque qui prenaient à ses yeux valeur de paroles d'Évangile.

L'examen d'un épisode décisif de mon affaire en apporta une autre preuve. Il concerne l'affaire Eurex qu'on a déjà rapidement évoquée. Je vais en donner les grandes lignes. En novembre 2007, une lettre fut adressée à la Société Générale par le régulateur de la Bourse allemande Eurex. Celui-ci s'inquiétait des volumes considérables que j'avais négociés tout au long de l'année 2007 – on se souvient que par deux fois au cours de cette année j'avais engagé au total 120 milliards d'euros par une série d'opérations d'achat et de vente sur le marché allemand. Lorsque le marché s'écroula, en août et octobre 2007, je devais à chaque fois engager 30 milliards d'euros à l'achat, afin de solder les positions préalablement prises quelques semaines ou mois avant, volumes tellement considérables que de mon seul fait je soutenais le marché allemand tandis que les autres places européennes dévissaient fortement. Alors qu'en temps normal les indices européens bougent dans des amplitudes similaires, ma seule intervention faussait les règles du jeu. Ce qui ne manqua pas d'excéder les autres opérateurs intervenant sur le marché, les poussant ainsi à appeler l'organe de régulation de la Bourse pour se plaindre parce qu'ils soupçonnaient une vaste manipulation de cours. Le régulateur mena alors son enquête et identifia l'opérateur en question : JK. Décision fut donc prise par l'organe de régulation de faire un courrier officiel à la Société Générale, lui indiquant de façon circonstanciée que Jérôme Kerviel avait engagé des volumes considérables depuis le début de l'année. La demande était claire : quelles étaient les raisons de ces investissements ? Une telle question est exceptionnelle ; d'autant plus qu'en l'espèce je n'avais violé aucune règle du marché.

Un soir de fin novembre 2007, le département Déontologie de la banque me présenta la lettre, dont Éric Cordelle prit aussitôt connaissance. On ne me questionnait pas sur les quantités astronomiques mentionnées dans le courrier mais on me recommandait juste de ne pas révéler ma stratégie et de rester flou dans ma réponse. Je rédigeai donc une note avec son aide. J'y noyai donc le poisson comme je pus, tout en évoquant des prises de positions spéculatives. Suite à la lettre de la Déontologie, une nouvelle demande d'explications ne tarda pas ; les Allemands avaient saisi que notre réponse était creuse. Cette fois-ci, le ton était moins amène. Les Allemands insistaient à nouveau sur les volumes engagés, prenant en exemple une seule journée d'octobre 2007 durant laquelle j'avais investi en deux heures plus de un milliard et demi d'euros. Éric Cordelle, comme le département Déontologie, reçut copie de ce courrier. Nous en parlâmes ensemble avant de rédiger une deuxième réponse qui contenait à peu près aussi peu d'éléments que la première. Les choses en restèrent là, jusqu'en janvier 2008, où les Allemands s'apprêtaient à réitérer leur demande. L'éclatement de mon affaire les en empêcha.

L'affaire Eurex est à mes yeux importante à un double point de vue. D'une part, mes supérieurs hiérarchiques, Éric Cordelle en tête, connaissaient mes agissements et ne s'en désolidarisaient pas – même si, au cours d'une confrontation, mon n+1 qui admettait avoir participé pendant trois quarts d'heure à la rédaction de la réponse maintenait qu'il ne l'avait pas lue ! D'autre part, la Société Générale n'avait pas hésité à créer elle-même un conflit d'intérêts. Le bureau du déontologue avait en effet appelé l'agent commercial d'Eurex en France pour lui demander conseil ; lequel avait suggéré des éléments de réponse pour calmer l'impatience de la Bourse allemande... Interrogée sur cet épisode, la Société Générale fit mieux que nier sa participation ; elle prétendit ne pas être au courant. Elle omit seulement de dire qu'elle avait versé elle-même ces pièces au dossier, imaginant sans doute m'en faire porter seul la responsabilité. Puis, dans un deuxième temps, elle modifia sa ligne de défense. Un ancien collègue trader me confia que, dans sa communication interne, la banque évoquait les fameuses lettres Eurex en disant que mon nom n'y était pas cité ; grossier artifice pour justifier que mes supérieurs directs et le département Déontologie n'avaient pu réagir dans la mesure où ils ignoraient quel membre de leur équipe était incriminé. Toutes ces anomalies ne semblèrent pas troubler le juge Van Ruymbeke qui semblait comme empêché d'embrasser l'ensemble de l'affaire, d'en voir les contours lointains et les ombres portées.

Car les difficultés rencontrées par la Société Générale dépassent largement ma personne. Il faut se souvenir qu'au moment où mon affaire avait éclaté, la banque n'était pas dans une position confortable. De toute part on l'attaquait. Les rumeurs sur son engagement en subprimes défrayaient la chronique financière. Les annonces de Daniel Bouton, vers la fin novembre 2007, répétant partout que le scénario le plus catastrophique était une perte de 200 millions, n'avaient qu'un but : rassurer les investisseurs. Deux mois après, on l'a vu, la somme s'était trouvée multipliée par dix, et depuis lors, chaque trimestre ou presque, la banque annonçait des provisions colossales pour rectifier la valeur de ses actifs. Au dernier trimestre 2009, le cumul des pertes sur les produits dérivés et les subprimes se montait à près de 10 milliards, dont 1,4 pour le seul dernier trimestre 2009. Ce qui n'a pas empêché la Société Générale, la flexibilité des valorisations comptables aidant, d'afficher des résultats positifs... Il est pourtant avéré que la banque détient encore quelque 35 milliards d'actifs toxiques, dont la valeur est très largement inférieure à celle enregistrée comptablement. Il est vrai que son président actuel, Frédéric Oudéa, ne perd pas une occasion de se montrer rassurant ; s'il ne se débarrasse pas des portefeuilles compromis, c'est simplement parce qu'il veut croire que ces actifs possèdent encore de la valeur. 2010, a-t-il déclaré en février dernier, sera donc l'année du rebond... Acceptons-en l'augure. Mais dans la période pour le moins difficile que vit la Société Générale, comment ne pas penser que mon affaire aura eu au moins une vertu : servir de leurre pour dissimuler une situation plutôt catastrophique ?

Autre preuve que l'arbre Kerviel ne peut dissimuler la forêt des errements de la Société Générale. Une *class action* des actionnaires (c'est-à-dire une plainte collective) s'est constituée aux États-Unis peu après l'éclatement de mon affaire – la France, qui ignore ce type de plainte, contraint les actionnaires à n'intervenir en justice qu'en tant que partie civile. Dans les documents judiciaires publiés par les avocats d'outre-Atlantique, ceux que les Américains appellent des *confidential witness*, et qui ne sont autres, en l'espèce, que des salariés de la banque souhaitant garder l'anonymat, avouaient qu'en juillet 2007, des dirigeants de la Société Générale, parmi lesquels Jean-Pierre Mustier, étaient venus à New York demander à leurs employés de modifier dans le système informatique les paramètres de marché. Ainsi peut-on lire dans ce document le témoignage de l'un d'entre eux selon lequel, à la mi-2007, étaient apparus de graves problèmes de liquidités, la Société Générale ne pouvant obtenir de cotation ferme pour les dizaines de milliards de CDO/RMBS[1] qu'elle détenait. Conservées en portefeuille, ces créances devaient alors être valorisées comme tous les actifs de trading. Le prix de marché ne pouvant être retenu pour des valeurs désormais non liquides, c'est le prix de modèle – fixé par la banque – qui fut choisi. Mais, en l'occurrence, il fallut modifier, sur ordre des dirigeants, les paramètres de réévaluation entrés dans les systèmes informatiques afin de dégager un résultat latent positif, bien qu'il fût, on s'en doute, largement surévalué. En somme, la banque me reprochait d'avoir introduit des données fausses dans son système informatique alors qu'elle-même ne s'en était pas privée. Ces accusations figurent noir sur blanc dans les procès verbaux de la justice américaine, même si la Société Générale les conteste avec vigueur. La justice américaine tranchera...

Comment croire, dès lors, aux résultats annoncés ? Pour le moins, ils doivent être pris avec circonspection. Dans la mesure où près de 80 % des actifs de trading de la Société Générale sont valorisés comptablement sur la base d'un prix de modèle (389 milliards d'euros sur un total de 488 milliards fin 2008), difficilement contrôlable, et non sur la base d'un prix

---

1. Produits financiers issus d'opérations de titrisation.

de marché observable, une marge d'erreur de 1 % sur le portefeuille valorisé au prix de modèle impacte fortement le résultat. Il est donc bien fâcheux que de cette *class action*, la presse française se fasse aussi peu l'écho. Tout le monde comprendrait alors qu'il faut être vigilant afin que certaines pratiques du milieu bancaire ne puissent plus se résumer à cette phrase : lorsque les règles aboutissent à un mauvais résultat, il suffit de les modifier. Les contrôleurs ont agi de même avec mes opérations ; ils ont remplacé le prix du marché par celui du modèle interne, faisant ainsi disparaître les écarts et donc les positions en nominal.

Les auditions, qui s'étaient dans un premier temps déroulées sur un ton cordial, devinrent assez vite difficiles. Renaud Van Ruymbeke ne voulait plus entendre ce que je lui disais et refusait les demandes de mes avocats. À plusieurs reprises nous lui exposâmes la nécessité d'expertises financières et informatiques indépendantes, car toutes les pièces fournies l'étaient par la banque, et tous les témoins entendus liés à cette dernière. Il les refusa toutes. Et puis, au mois de juin, il décida d'effectuer un transport sur place. Il m'assura ne pas devoir rencontrer des gens ayant déjà été entendus dans le cadre de l'instruction ; s'il se rendait dans les locaux de la Société Générale, c'était seulement pour se faire une idée de mon travail en interrogeant des personnes indépendantes. Je lui demandai de pouvoir l'accompagner. Il refusa, mais fit une concession en échange : il accepta de valider la demande d'actes complémentaires que j'avais posée. Élisabeth Meyer me conseilla d'accepter.

Ce que je fis à contrecœur, sans comprendre ce type de marchandage.

Le juge revint de la tour en affirmant que je lui avais menti ; l'ambiance de la salle de marchés était telle que j'avais parfaitement pu y mener mes opérations à l'insu de tous. J'en conclus que la Société Générale n'avait pas dû lui montrer la salle où je travaillais. La lecture du procès verbal m'apporta en outre la preuve qu'il avait rencontré plusieurs personnes parties prenantes à l'instruction. La confiance que j'avais placée en lui s'en trouva fortement ébranlée. Ce fut pour moi un véritable tournant dans le cours de l'instruction. Je me sentais trahi, car Renaud Van Ruymbeke n'avait pas respecté sa parole.

En juillet 2008, il nous fit connaître son intention de clore l'instruction en disant qu'il renvoyait « *a minima* ». Cela voulait dire quoi, « *a minima* » ? Personne ne me l'expliqua. Je trouvai discutable l'attitude des mes avocats autant que celle des juges, et décidai de me montrer plus offensif. Élisabeth Meyer rechignait. Elle éprouvait face à Renaud Van Ruymbeke un respect qu'à la lumière de l'instruction, je trouvais immodéré. Comme par ailleurs le conflit ne cessait de grossir entre elle et Guillaume Selnet, je décidai d'élargir mon équipe de défense. La tâche n'était pas simple. Élisabeth Meyer se démenait de toutes ses forces depuis des mois, et j'espérais qu'elle n'abandonnerait pas le dossier. Malgré ses préventions et celles de Guillaume Selnet, je fis rentrer dans l'équipe un troisième avocat, Bernard Benaiem. Celui-ci voulut aussitôt s'entourer de trois autres conseils. Éric Dupond-Moretti, bien connu des médias, aurait pour mission de contrer Renaud Van Ruymbeke, tandis que Francis Tissot et Caroline Wasserman travailleraient les aspects techniques. Élisabeth Meyer refusa le partage du dossier tel que je l'avais imaginé ; elle jeta les gants, bientôt suivie par Guillaume Selnet qui ne se sentait pas à l'aise dans cette équipe élargie. En juillet, j'annonçai aux juges le retrait d'Élisabeth Meyer et la composition de ma nouvelle défense. Renaud Van Ruymbeke dut s'y plier et annonça, bien contre son gré, que les auditions reprendraient après l'été. La période fut mise à profit pour travailler et reprendre le dossier pénal de A à Z.

Je me retrouvai donc avec quatre nouveaux avocats, tous décidés à construire une stratégie offensive face aux juges d'instruction. Je leur rédigeai des notes précises, revues par Francis Tissot. Elles furent versées au dossier en septembre et octobre. À leur lecture, Renaud Van Ruymbeke se posa de nombreuses questions et je le sentis gagné par le doute. Au mois de décembre 2008, il décida un second transport sur place. Comme il refusait à nouveau ma présence, je lui rappelai les anomalies du premier. J'évoquais un autre site de la banque, situé à Levallois-Perret, où tous les systèmes informatiques étaient installés ; avec l'aide d'un expert, il pourrait y travailler l'esprit tranquille, loin des influences des gens de la banque. « Je vais y réfléchir », me dit-il. Les semaines passèrent, sans nouvel événement marquant. Et puis, lors d'une audition, l'un de mes avocats comprit à mi-mots que le juge se rendrait dès le lundi suivant à la tour de La Défense, accompagné d'un expert.

Surprise. Nous n'avions pas été plus écoutés que lors du premier déplacement.

Renaud Van Ruymbeke en revint dans le même état d'esprit que la première fois ; tout ce que je lui avais expliqué sur le fonctionnement du trading était faux. À l'en croire, je n'avais fait que brouiller les pistes. Mais si brouillage de pistes il y avait, il ne se trouvait pas de mon côté. L'expert écrivit dans son rapport qu'il n'avait fait que regarder les gens de la Société Générale extraire les documents, et qu'en conséquence il ne pouvait garantir l'intégrité et l'exhaustivité des données. Il en concluait que « dans les explications techniques qui (lui) ont été fournies il est apparu que les conditions d'observation objectives n'étaient pas réunies ».

C'en était trop. Je réclamai une nouvelle fois une véritable expertise. Le juge la refusa, au motif qu'il avait désormais tous les éléments en mains. J'insistai, avec un argument susceptible de le convaincre : si je craignais de me faire contredire par une expertise, pourquoi la demanderais-je ? Il n'entendit rien. Dans la foulée, il rejeta les sept ou huit demandes d'actes complémentaires que lui présentèrent mes avocats. De même refusa-t-il toutes les confrontations que nous lui demandions. Entre autres avec le responsable du contrôle interne, qui tous les ans accompagnait les rapports des commissaires aux comptes d'un document de référence signé par le président de la banque qui affirmait l'existence de contrôles quotidiens de la réalité économique de l'ensemble des opérations effectués par des organes indépendants [1]. Dès

---

1. On lira un extrait de ce document, à la p. 252.

lors, comment penser que des centaines d'opérations sans réalité économique soient passées inaperçues, dont certaines portant sur plusieurs milliards d'euros ?

Il refusa aussi la confrontation avec Daniel Bouton, qui lui-même contresignait chaque année ce document ; et avec les membres de la commission bancaire qui avaient mené l'enquête auprès de la Société Générale et rendu un rapport accablant. Jamais nous n'aurons donc la réponse à ce mystère : la Société Générale a-t-elle menti à l'actionnariat ou à la Justice, voire aux deux ? Entre les juges et nous, le climat n'était plus seulement tendu. Il devenait détestable.

Nous tentions pourtant de nous défendre. À chaque fois que les juges rejetaient nos demandes d'actes, nous faisions appel de leurs décisions. Peine perdue ; le président de la chambre de l'instruction, celui-là même qui avait au mois de février décidé ma mise en détention provisoire, estimait systématiquement qu'il n'était pas nécessaire d'organiser une nouvelle audience et rejetait toutes nos demandes au motif que, selon lui, elles étaient dilatoires.

Un soir, l'un de mes avocats m'annonça un énième refus de la chambre de l'instruction d'organiser une audience pour débattre de l'utilité d'une demande d'actes que nous avions déposée quelques semaines plus tôt. Agacé et dépité, je me revois lui dire, en souriant un peu jaune, que je constatais que la seule fois que des juges avaient accepté d'organiser une audience, c'était pour me mettre en prison.

Je me sentais plus que jamais seul contre tous : de mon coté une équipe de sept personnes face aux quatre ou cinq cents qui travaillaient directement ou indirectement pour la banque. Surtout, je n'arrivais pas à comprendre ce refus systématique des juges et de la chambre de l'instruction de donner droit à mes demandes, car elles n'avaient qu'un seul objectif : prouver le bien-fondé de mes déclarations face aux juges.

En janvier 2009, bonne nouvelle : Daniel Bouton avait retrouvé le moral. Sans doute, un an après le début de mon affaire, s'inquiétait-il moins pour les petits actionnaires dont il avait dit à l'époque qu'ils étaient lésés par mes opérations. Il déclara en effet à un journal anglais qu'il se sentait détendu et que ces événements l'avaient changé, poussant même l'ironie jusqu'à déclarer que l'affaire Kerviel avait eu pour regrettable conséquence qu'il avait très mal joué au golf pendant des mois. J'étais content pour lui. Mes problèmes, à moi, ne s'arrangeaient guère. La dernière audition avec Renaud Van Ruymbeke eut lieu le 22 janvier. J'y donnai lecture d'une déclaration rédigée avec l'aide de maître Tissot. J'attaquai très fort en affirmant que l'instruction avait été faite par la Société Générale, ce qui fit pâlir le juge. Ensuite je détaillai, sur une quinzaine de pages, les manquements graves relevés tout au long de la procédure et, pièces à l'appui, revint sur le système de contrôle de la Société Générale. Attentif et blême, Renaud Van Ruymbeke écouta sans un mot. Ma conclusion ne lui arracha pas la moindre parole : « À ce stade de l'instruction il m'apparaît indispensable de faire cette déclaration pour souligner les lacunes considérables de l'instruction vraisemblablement dues à une volonté dont j'ignore la nature et les raisons destinées à clore l'instruction au plus vite, et dont l'intégralité a été sponsorisée par la Société Générale. » J'exigeai que ce texte soit versé au dossier, ce qui ne se fit pas sans peine. Comme j'exigeai que soient joints les protocoles d'accord entre certains de mes anciens collègues traders et la banque [1]. Durant leurs auditions, ils s'étaient tus. Mais ensuite, remerciés par la Société Générale après mon licenciement, ils avaient touché de substantielles indemnités contre la promesse de ne pas nuire à leur ancien employeur. Dans le protocole d'accord, ils ne se gênaient pas pour expliquer que leurs propres pratiques – opérations fictives et dissimulations diverses – étaient habituelles. Et pour cause : ils devaient alors sauver leur propre peau ! Cependant, les déclarations qu'ils firent à la Société Générale lors de leur licenciement appuyaient les miennes propres ; je regrette seulement que des collègues qui avaient été des amis ne les aient jamais faites dans le cabinet des juges et que les juges en ayant pris connaissance n'en aient pas tiré les conclusions qui s'imposaient.

L'audition prit fin dans un silence glacial. Les juges rendraient leur rapport d'instruction lorsque celle-ci serait close, ce qu'ils nous feraient savoir sous quelques jours. La semaine suivante, en effet, la pièce officielle nous apprit que l'instruction était achevée. Elle avait duré six mois de plus que ne le souhaitait Renaud Van Ruymbeke, certes, mais les prolongations n'avaient pas été inutiles. Nous étions parvenus

---

1. Voir ces documents, p. 253 et suivantes.

à récupérer des documents importants et à les faire verser au dossier : entre autres le rapport rédigé par la commission bancaire suite à son enquête, et qui passait au vitriol certaines pratiques de la Société Générale, des informations sur les opérations de débouclage de mes positions en janvier 2008, des pièces émanant des commissaires aux comptes prouvant que les dépassements de limites étaient récurrents dans les salles de marchés, etc.

Face à de tels documents, Renaud Van Ruymbeke restait impavide. Dans son esprit, tout était déjà fini à l'été ; et plus les choses duraient, plus le dossier risquait de lui échapper techniquement. Un jour, alors que je lui demandai une expertise, il me livra cette objection : « Si je transfère la compétence à quelqu'un d'autre, je n'aurai plus la maîtrise de mon instruction. » Tout était dit. À l'entendre, il avait mené une instruction pendant une année, dont six mois pour mon seul plaisir. Mais, quoi qu'il en pense, je n'ai pas la même vision que lui de ce qui peut être utile à une instruction équitable.

Entre-temps, je me débattais avec mes avocats. Désormais, aux luttes intestines pour la première place, s'ajoutaient des manœuvres à l'égard de la presse que je n'acceptais pas. J'avais réussi naguère à échapper à une séance de photos pour le magazine *Vanity Fair* souhaitée par l'un de mes avocats, dont je ne comprenais pas la nécessité, et voilà que certains membres de la nouvelle équipe cherchaient à me convaincre de me livrer au jeu d'interviews sensationnelles. J'expliquai que je ne voulais pas travailler de cette manière ; trop de médias avaient déformé mes propos depuis l'éclatement de l'affaire, et surtout, ma priorité était de convaincre le juge. Qu'à cela ne tienne, mes avocats allaient s'en charger. Certains multiplièrent les déclarations, développèrent leur ligne de défense, parlèrent de fuites organisées par le parquet, etc.

La goutte d'eau qui fit déborder le vase fut une interview pirate publiée par *Le Parisien*. Fin 2008, l'un de mes avocats m'appela pour me demander un service : il voulait que je rencontre l'une de ses amies journalistes qui revenait de congé maternité et voulait se remettre à niveau sur mon dossier. Je n'en voyais guère la nécessité. Mais l'avocat ne s'embarrassa pas de mon refus. Compte tenu que je ne le payais pas, je pouvais à tout le moins lui rendre ce service… Je finis donc par accepter de voir son amie pour lui expliquer les aspects techniques du dossier. Lors d'un entretien de trois quarts d'heure, je lui décrivis les techniques financières concernées et le métier de trader. Quelques jours plus tard, elle sollicita un autre entretien auquel je répondis tout d'abord négativement, car cela faisait beaucoup, avant d'accepter. Je la vis une demi-heure pour éclaircir les zones d'ombre techniques. Puis elle formula une troisième demande que je refusai tout net. J'appris par la suite que, devant mon refus, elle avait contacté plusieurs de mes avocats, menaçant de publier un verbatim de nos entretiens si elle n'avait pas accès à certains documents du dossier. Je rappelai alors l'avocat qui m'avait mis en relation avec elle et l'informai de ce chantage. Il ne ménagea pas ses mots : « Tu n'as qu'à te démerder, je ne suis pas ta

RP (ta relation presse) ! » Sidéré par cette réaction, je raccrochai et appelai les autres avocats en leur demandant de ne pas répondre aux assauts de la journaliste.

Le 22 janvier 2008, le matin de ce qui devait être ma dernière audition, à 5 heures, je reçus un sms d'un proche : « Tu as parlé au *Parisien* ? » Je tombai des nues en découvrant deux heures plus tard la une du journal : *Kerviel parle*. L'article mélangeait tout, le faux et le vrai, les anecdotes déformées et les analyses maladroites. Les formules « t'es *bull* », « t'es *bear* », étaient devenues sous sa plume : « t'es boule », « t'es beau »… Où était-elle allée chercher tout ça ? J'étais à la fois amusé, sidéré et choqué. Moins par le fait, par exemple, qu'elle ait repris mon propos sur la « sponsorisation » de l'instruction par la Société Générale – dans mon esprit, il ne s'agissait en rien d'une sponsorisation financière mais de la fourniture par la banque de tous les éléments de l'instruction, au détriment de l'indépendance de la justice –, que par la façon dont certains de mes propos étaient détournés et déformés. J'apprendrais par la suite que certains de mes avocats étaient tellement de mèche avec le journal qu'ils avaient validé le contenu de la pseudo-interview la veille de sa parution. Bien maladroitement ; ce qui, au passage, donnait la mesure de leurs compétences.

Je m'empressai de fournir un démenti au micro de RTL. Un de mes avocats, très remonté, me demanda de revenir sur ce démenti, ce que je refusai. Il s'empressa alors de déclarer, sur le perron du pôle financier, que « parler à un journaliste n'était pas la même chose que parler à son épicier », voulant sans doute dire par là que je portais plus de responsabilité de mes paroles qu'une journaliste de ses erreurs... Je débarquai aussitôt toute l'équipe, sauf Francis Tissot, dont j'appréciais le travail. Et je me remis en chasse. C'est ainsi qu'après plusieurs rencontres avec maître Olivier Metzner, qui m'avait été chaudement recommandé, mais dont je craignais qu'il n'accepte pas, je décidai de lui confier ma défense.

Décidément, mes rapports avec certains journalistes n'étaient pas placés sous le signe de la sérénité. Depuis le début de mon affaire, plusieurs d'entre eux donnaient la main au portrait que la Société Générale voulait brosser de moi : tantôt j'étais suicidaire, tantôt mégalo. Airy Routier, l'homme qui s'était brillamment illustré avec le vrai-faux sms de Nicolas Sarkozy à Cécilia, transcrivit les messages que j'avais, à une époque, échangés avec le courtier Moussa Bakir. Certains avaient des allures d'une discussion entre copains. Lors d'une opération réussie, mon interlocuteur me gratifiait d'un ironique : « Ça va montrer la puissance Kerviel. » J'avais éclaté de rire. Airy Routier me prêta cette phrase, ce qui en modifiait complètement le sens. Je devenais, à la lire, un type à l'ego surdimensionné, au point de parler de lui-même à la troisième personne... Culotté, le journaliste osa appeler sur le portable d'un proche pour chercher à me joindre, sollicitant un entretien. La conversation tourna court, car après cet article faux, quelle confiance pouvais-je accorder à son auteur ? Il tenta vainement de m'expliquer qu'il avait beaucoup de travail et que je devais comprendre son erreur.

Tout était dit. Je ne sais qui a formulé la remarque selon laquelle « les coupures de presse ne cicatrisent jamais » ; il avait vu juste.

L'étude de mon dossier sidéra Olivier Metzner. À sa lecture, il eut du mal à reconnaître une instruction menée par deux juges dont il avait pu de longue date apprécier les qualités professionnelles. Il tenta de faire appel pour obtenir la réouverture de l'instruction et la nomination d'un expert. Mais une nouvelle fois, la chambre de l'instruction rejeta ses demandes sans prendre la peine d'organiser une audience pour débattre de leur utilité.

Rien de cela n'entame la confiance que je porte à la justice de mon pays dans sa recherche de la vérité. Les points que l'instruction a manqués, j'attends des audiences en correctionnelle qu'elles les prennent en considération. Des premiers signes me confortent en ce sens. Le juge Van Ruymbeke s'est toujours refusé à nous communiquer le contenu des scellés informatiques saisis à la banque – alors que des doubles en avaient été remis à la même banque. Le président du tribunal nous l'a partiellement accordé : nous avons désormais accès à de nouvelles pièces du dossier. En somme, il a fallu que je sois renvoyé devant le tribunal correctionnel pour obtenir une parité de traitement face à la justice !

J'espère que les débats publics feront pièce aux accusations dont je suis l'objet. Elles permettront d'élucider la manière dont une grande banque s'accommode de ses injonctions paradoxales lorsque celles-ci lui permettent d'empocher des gains ; mais les manipule dès lors qu'il s'agit d'abattre un de ses anciens employés. La découverte de nouveaux documents, entre autres ceux qui définissaient la stratégie de communication de la Société Générale dès le 24 janvier 2008, me permet aujourd'hui de saisir comment fut organisé l'« enfumage » des médias, de l'opinion publique et des professionnels de la finance. Un mail émanant de Christophe Mianné fournissait aux traders de l'entreprise les messages à véhiculer auprès de leurs contacts dans les autres banques. Sa lecture, éloquente, me fit sourire.

J'appris donc par ce mail que mon métier n'était plus market-maker mais arbitragiste pour compte propre, et qu'il existait une forte « muraille de Chine » entre les activités pour le compte de la banque et celles liées aux clients... J'aurais voulu le savoir avant ! La meilleure défense, on ne l'ignore pas, c'est l'attaque.

Attaquer, plutôt que d'avouer ses erreurs. Il faut dire que le supposé « *chinese wall* », était si peu étanche que, jour après jour pendant trois ans, j'ai, sous le contrôle de mes supérieurs, mené des opérations à la fois pour le compte des clients et pour celui de la banque, ainsi que nombre de mes anciens collègues le font peut-être encore, au mépris de la réglementation bancaire.

Et là n'est pas encore le pire, car il m'avait été demandé de m'occuper de la valorisation officielle de certains fonds comptant parmi les plus célèbres de la place financière parisienne (Lyxor, ETF, CAC 40, Eurostoxx...), me substituant à la société de gestion et ce, alors même que l'un des membres de mon équipe était en charge d'en assurer le market-making. Pour

L'instruction

Communication GEDS/eqty/fr/socgen
Sent by: ▓▓▓▓▓

24/01/2008 10:43

To
cc
bcc
Subject MESSAGE FROM CHRISTOPHE MIANNÉ - INTERNAL Q&A

AS A REMINDER, YOU WILL FIND ENCLOSED THE MESSAGE FROM **DANIEL BOUTON**.

FR.pdf EN.pdf

▸ **Internal Q & A - English version**

▾ **Internal Q & A - version Française**

CE DOCUMENT EST UN DOCUMENT INTERNE AYANT POUR OBJECTIF DE VOUS DONNER DES GUIDELINES SIMPLES SUR LES REPONSES A APPORTER A VOS CLIENTS. C'EST UN DOCUMENT INTERNE, IL VOUS EST INTERDIT D'ENVOYER UNE COMMUNICATION ECRITE A VOS CLIENTS.

IL EST INTERDIT DE PARLER AUX JOURNALISTES. LE DEPARTEMENT COMMUNICATION EST EN CHARGE DE TOUTES LES ANNONCES OFFICIELLES

PRINCIPAUX MESSAGES

1. SG ne court pas un risque de faillite
La banque est solide et pérenne. De plus, entre dimanche 20 janvier et mercredi 23 janvier a été montée une opération de recapitalisation d'un montant de 5,5 milliards d'euros. Deux grandes banques internationales J.P. MORGAN et MORGAN STANLEY ont garanti en 3 jours cette recapitalisation, ce   qui témoigne de la solidité de Société Générale. Cette recapitalisation maintiendra nos fonds propres au niveau des meilleures banques du monde. Elle nous permettra de poursuivre notre développement dans la continuité des excellentes performances des années passées.

2. La perte de GEDS est la conséquence de la malversation d'un trader
Ce trader a volontairement détourné toutes les procédures de contrôle interne. Quand elle a été découverte samedi 19 janvier, la perte n'était pas aussi significative, mais il a été décidé de solder la position et le lundi noir a fortement aggravé cette perte

3. Cette perte est liée à des activités d'arbitrage pour compte propre
Elle est donc totalement déconnectée du business clients (il y a un fort chinese wall entre les activités)

4. Le business model de GEDS n'est absolument pas remis en cause par cette perte
En effet, sans cette perte ponctuelle liée à une microactivité d'arbitrage, les profits de GEDS en 2007 auraient connu un niveau record, et ce malgré un contexte de marché très difficile au 2ème semestre

5. GEDS a déjà été confronté à des situations de crise liées aux marchés et a toujours su les gérer
En particulier, GEDS a toujours assuré une cotation et un service liés à ses produits quel que soit le contexte

6. GEDS reste le fleuron de la SG
GEDS va redoubler d'efforts pour continuer à fortement développer cette activité dans la continuité de ce qui avait été entrepris avant cette perte

7. Le rating Fitch de SG est dégradé: il passe à AA- (dégration d'un notch)

Q&A

Q: Comment SG a-t-il pu subir de telles pertes ?
A: Ces pertes résultent d'un incident isolé dans l'activité d'arbitrage qui est une activité pour compte propre de la SG; il y a une muraille de Chine étanche entre cette activité et les activités de GEDS pour le compte des clients.

Q: Quand ces pertes ont-elles été découvertes?
A: Samedi 19 Janvier 2008. Les pertes étaient encore limitées à cette date mais elles ont été débouclées dans des conditions de marchés extrêmement difficiles en début de semaine, aggravant l'ampleur des montants en jeu. Elles seront comptabilisées sur l'exercice 2007. Sans cette perte exceptionnelle, GEDS aurait réalisé une année reccord. Le management de SG est confiant dans la solidité du business model de GEDS.

Q: Pourquoi ces poses n'ont elles pas été découvertes plus tôt?
A: Ce trader a volontairement détourné les procédures. Il a manipulé nos systèmes et les procédures Back Office pour éviter toute détection. La fraude a été détectée par un manager

Q: Y a-t-il d'autres pertes significatives dont nous ne sommes pas au courant.
A. Nous avons fait tout ce qu'il était possible de faire pour obtenir une parfaite transparence sur les positions SG. C'est un incident rare et isolé et nous sommes confiants que nos recherches nous on permis d'identifier tous les deals suspects. Nous allons continuer à investir de ressources pérennes et significatives pour prémunir la banque contre ce type d'incident dans le futur.

Q: Les deals en questions sont ils liés à notre activité ?
A: Non. L'activité d'arbitrage est totalement séparée de nos activités client. Le chinese wall entre nos activités client et le trading pour compte propre est totalement étanche. Le trader incriminé n'était pas en charge du pricing de produits clients ou du management des positions client.

mieux dissimuler cette pratique contraire à la déontologie, les informations envoyées aux banques qui sui-
vaient ces fonds devaient transiter par l'adresse mail
de la société de gestion Lyxor asset management, afin
que l'illusion du « *chinese wall* » soit plus parfaite
encore... Il est regrettable que les membres de la commission bancaire ne m'aient pas entendu ; j'aurais eu
tant de choses à raconter sur ce sujet.

D'autres documents permettront, j'en suis sûr,
d'apporter la preuve formelle que mes collègues agissaient avec la même liberté face aux prétendues
règles émises par la banque. Faux, usage de faux,
abus de confiance, introduction frauduleuse de données dans des systèmes automatisés : tels sont les
motifs de l'accusation dont je devrai répondre. Je le
ferai. Malgré la certitude d'avoir commis des erreurs,
j'ai ma conscience pour moi.

Car je ne suis pas un symptôme de la crise financière, le signe avant-coureur de la tornade qui a
secoué le monde de la finance mondiale dans les
mois qui ont suivi le déclenchement de mon affaire ;
je ne suis qu'un homme qui a commis des erreurs au
sein d'une banque qui les a longtemps admises, parce
qu'elle en tirait profit. C'est la raison pour laquelle
mon procès ne peut être un procès « pour l'exemple », le grand exorcisme par lequel un système entier
se redonnerait une virginité en désignant un bouc
émissaire.

En 2005, à la fin de ma première année de trading,
j'avais réalisé, en commençant à enfreindre les règles,
des gains de 5 millions d'euros ; tout en ayant
connaissance que ce résultat avait été réalisé au prix

de risques officiellement non admis, on me demanda de dégager le même résultat pour 2006. Cette année-là, je fis gagner 10 millions d'euros à la banque, en enfreignant un peu plus les règles. Il fallut donc réaliser 10 millions d'euros d'objectif en 2007, et ce avec un périmètre d'activités amputé d'environ 80 %. Je gagnai 55 millions, en transgressant encore plus les mêmes règles. Que m'aurait-on demandé en 2008, si mon affaire n'avait pas éclaté ? Je n'ose l'imaginer. Peu à peu, la culture du résultat était devenue celle de la performance, avant de devenir celle de l'exploit. La course était sans fin. Sans m'en rendre compte, je me précipitais dans une fuite en avant dont je ne pourrais jamais sortir. Ainsi, tout trader incarne-t-il à sa façon le mythe d'Icare : toujours plus haut, donc toujours plus proche à la fois du soleil et de la chute. Le pire est que je n'en avais même pas conscience. Ces objectifs constituaient un moteur puissant de motivation. Et puis, me disais-je non sans fierté, si on me fixe des objectifs plus élevés, c'est qu'on est content de moi, au sein de cette grande famille où, finalement, tout le monde soutient tout le monde... Car l'un des ressorts du trading, et non le moindre, est bien celui-ci : permettre à chacun de travailler dans son coin tout en le persuadant d'œuvrer pour son desk ; à la fois seul face à son écran et membre d'un groupe prétendument soudé. Solitaire et solidaire, le trader idéal cumule tous les avantages ; la liberté de manœuvre du travailleur indépendant et le confort de la PME. Mais la réalité, on l'aura compris, est tout autre. Elle porte un nom : l'engrenage. Engrenage d'un système qui utilise les hommes allant jusqu'à les broyer, engrenage des conduites de ces mêmes hommes qui ne se contrôlent plus, engrenage des mécanismes qui s'affolent, engrenage des intérêts personnels qui bloquent la manifestation de la vérité. Que veulent dire, dans ces conditions, les beaux mots de liberté individuelle et de cohésion collective ? Strictement rien.

Dominent dans une salle de marchés trois conduites. L'omerta, qui interdit d'évoquer les points qui pourraient fâcher tandis que sont mis en place des procédés naguère considérés comme relevant de l'escroquerie institutionnelle au préjudice des épargnants. L'autisme, qui permet à chacun de faire semblant de ne pas comprendre ce qui se passe. La cécité, parce que tous ceux qui devraient voir ne voient rien, alors que la vérité éclate quotidiennement sous leurs yeux.

Pas surprenant, dans ces conditions, que les affaires, lorsqu'elles éclatent, fassent peu de bruit. À Tokyo, il y a quelques mois, un trader de la Société Générale s'est retrouvé impliqué dans une affaire qui ressemblait à la mienne ; il fut remercié par la Société Générale, mais sans dépôt de plainte malgré les critiques de la Commission bancaire.

À La Défense, dans une salle de marchés située un étage en dessous de celle dans laquelle je travaillais, un trader a été convaincu d'avoir perdu de grosses sommes après avoir dissimulé ses positions. Il n'en avait pas tiré le moindre profit financier. Ses chefs directs lui passèrent un savon mémorable. Il subit l'engueulade sans un mot, puis passa un coup de téléphone à sa femme pour lui demander d'embrasser ses enfants. Ensuite il descendit de la tour, marcha quelques dizaines de mètres et se jeta du haut d'une passerelle. Il mourut sur le coup. La banque publia un message de condoléances laconique.

Récemment, toujours à La Défense, la presse a divulgué qu'un salarié d'une filiale de la Société Générale avait détourné deux millions d'euros à son profit. De façon étonnante, cette affaire ne fut que très peu médiatisée, et il semblerait qu'aucune sanction n'ait été prise à l'égard du salarié.

Et pendant ce temps, à Paris comme à Tokyo ou ailleurs, les salles de marchés tournent à plein régime, des sommes énormes circulent à la vitesse de l'électronique, des bonus faramineux se distribuent, de grandes claques dans le dos s'échangent en cas de gains, et des mines déconfites se détournent en cas de pertes. *Trading must go on.*

Quelques semaines seulement me séparent de mon procès. Après deux années de bombardements continus déclenchés par mon ancien employeur et certains médias, après une instruction incomplète, mal conduite et partisane, je me prépare à cette nouvelle échéance avec sérénité. J'entends souvent dire qu'une épée de Damoclès est suspendue au-dessus de ma tête. Je n'aime guère cette image ; c'est elle qu'utilisait Renaud Van Ruymbeke pour me convaincre d'accepter son instruction. « Vous avez tout à gagner à une instruction rapide, monsieur Kerviel ; sinon, tant qu'elle durera, une épée de Damoclès demeurera suspendue au-dessus de votre tête. » Je lui répondais alors que je ne courais pas une course de vitesse, mais de fond ; que peu m'importait le temps mis à instruire, que seule comptait la vérité.

Aujourd'hui, je regarde le champ de ruines qu'est devenue ma vie ; impossible de reconstruire quoi que ce soit tant que le procès ne se sera pas déroulé. De lui dépendra mon avenir. Seul lui peut laver la mémoire de mon père, rétablir la vérité, faire éclater les responsabilités de tout le monde, et pas seulement les miennes. Pour cela, une condition est suffisante, mais elle est nécessaire : face aux juges, ceux qui savent auront-ils le courage de témoigner de ce qui se passe dans une salle de marchés ? Plusieurs d'entres eux m'ont assuré en privé de leur soutien. Malheureusement, ils se sont jusqu'à présent refusés à porter un témoignage public, par crainte de subir des représailles pouvant aller jusqu'à la perte de leur emploi. Pourtant, au début de ce qui allait devenir « l'affaire Kerviel », certains de mes anciens collègues acceptaient de se livrer. En témoigne cet article du *Monde* paru le 29 janvier 2008 :

« Il reste beaucoup de mystères », juge un ancien trader de la banque. « M. Kerviel aurait acheté 140 000 contrats sur l'indice Dax. Aucun trader n'est habilité à en acheter autant, c'est très étonnant », indique cet ex-salarié de la Générale. Il n'arrive pas non plus à expliquer comment M. Kerviel a pu éviter de verser des acomptes sur les achats qu'il faisait. Sauf à être gagnant... Et gagnant, M. Kerviel l'a bien été, selon plusieurs de ses collègues : « Il n'a jamais perdu sauf les derniers jours, affirme l'un d'eux, c'est pour ça qu'il a été chopé. » « Fin décembre, racontent-ils, ses gains étaient même "hallucinants", de l'ordre de 1,5 milliard d'euros. Il se disait à la Générale que, dans son département, ils avaient fait des performances exceptionnelles. Et qu'ils se partageraient un bonus record. »

Comme nous l'avons vu précédemment, la banque a effectivement payé et reçu des acomptes au titre de mes positions pour près de 30 milliards d'euros en un an. La remarque de la personne interviewée est juste et ne peut manquer d'interpeller. Ce témoignage anonyme démontre en outre, s'il en était besoin, que mes gains étaient connus en interne et que ma « chute » n'a tenu qu'à la mauvaise tournure qu'ont pris les événements en ce début d'année 2008.

Je lance donc ici un appel à témoin auprès des personnes susceptibles de venir nous aider et nous apporter une quelconque information. Qu'elles ouvrent les yeux du tribunal et de l'opinion ; et pas seulement sur mon affaire, mais sur la réalité du trading. À partir du moment où ces pratiques seront connues de tous, opinion publique et justice, ceux qui auront contribué à les dénoncer n'auront plus rien à craindre. Au contraire, ils auront la satisfaction d'avoir contribué à la manifestation de la vérité. Des autres, je n'ai plus rien à attendre. Car, comme l'écrit Aristote, « celui qui n'est plus ton ami ne l'a jamais été ».

J'ai retenu les leçons de mon histoire : durant des années mon existence s'est construite autour de mon seul travail, au détriment des êtres qui me sont chers. Je sais désormais que je ne pourrai reconstruire mon existence de façon solide qu'avec eux. Pour le reste, je n'aurai de cesse de me battre pour que le nom de mon père soit lavé de cette boue et des mensonges qui ont été déversés depuis un certain 24 janvier 2008. Je sais que le combat sera long et difficile, mais jusqu'à mon dernier souffle je le mènerai.

Papa, je t'en fais la promesse.

Documents

████/fr/socgen
12/07/2007 10:22

To ████████████/fr/socgen@socgen
cc ████████/fr/socgen@socgen,
████████/fr/socgen@socgen,
████████/fr/socgen@socgen
bcc

Subject   Re: Ecart intercos Clickoptions-U7003 [C1]

History: ↩ This message has been replied to.

Bonjour, ████████

Pourrais tu vérifier le contrepartie de ces deals **en priorité** afin que l'on puisse apporter la correction dans l'après midi?
Ces 5 top nous créent un écart en interco de 790 Millions au P&L et plus d'1 Md€ au bilan, nous ne pouvons en aucun cas reporter cette situation ce soir à DEVL/COM.
Toutes les phases de consolidation ont été avancé un jour compte tenu des contraintes de publication début Aout, donc nous aurons le gel ce soir à J+9.

Merci pour ta compréhension.

Cordialement

▓ Les procédures de contrôle interne de la production financière et comptable

DES PRODUCTEURS DES DONNÉES COMPTABLES INDÉPENDANTS DES *FRONT OFFICES*

La qualité et l'objectivité des données comptables et de gestion sont assurées par l'indépendance des *back offices* et des *middle offices* vis-à-vis des équipes commerciales. Le contrôle effectué par ces derniers en matière de données financières et comptables repose sur une série de contrôles définis par les procédures du Groupe :

- ▓ vérification quotidienne de la réalité économique de l'ensemble des informations reportées ;

- ▓ réconciliation dans les délais impartis entre les données comptables et les données de gestion selon des procédures spécifiques.

SOCIETE GENERALE
Corporate & Investment Banking

$D 637 | 6$

A l'attention de Monsieur ~~~~~~~~

Lette envoyée en AR

Paris, le 20 mai 2008

Monsieur,

Comme suite à l'entretien préalable qui s'est déroulé le lundi 5 mai 2008, nous vous informons que la Société Générale a décidé de procéder à votre licenciement.

Nous sommes amenés à prendre cette décision pour insuffisance professionnelle.

Vous aviez la responsabilité de l'activité Delta One.

A ce titre, il vous appartenait d'assurer le suivi attentif de cette activité, notamment en formant les responsables de vos équipes, en exerçant une supervision rigoureuse, en vérifiant la régularité des opérations effectuées, en opérant les contrôles nécessaires et en mettant en place, si nécessaire, les procédures appropriées.

Or, il s'avère que la supervision que vous avez exercée a été des plus lacunaires.

Cela s'est manifesté tant dans vos fonctions de Responsable de l'activité Delta One que lorsque vous avez assuré, début 2007, la responsabilité directe de l'équipe Delta One Listed Products.

Ainsi, durant cette dernière période, vous avez délégué des missions qui vous incombaient personnellement (validation du résultat ou P&L quotidien, validation des CPM de fin de mois), allant même jusqu'à délaisser les tâches de suivi des risques au quotidien, et ce alors que vous n'ignoriez pas leur importance.

Plus généralement, votre supervision superficielle vous a conduit à vous contenter d'éléments de « reporting » que vous saviez pourtant sommaires et non vérifiés par le nouveau responsable de l'équipe Delta One Listed Products.

C'est ainsi que vous vous êtes satisfait d'explications du résultat (P&L) peu précises et souvent lapidaires (notamment sur les produits turbos) ou que vous n'avez pas demandé de « reporting » spécifique pour la nouvelle activité d'arbitrage pour compte propre de warrants lancée en juillet 2007.

Dans la même logique, à aucun moment vous ne vous êtes interrogé sur le niveau de contribution significative de l'un des traders, en l'occurrence Jérôme Kerviel, au résultat de l'activité en 2007.

Vous n'avez pas requis d'explication ni de justification sur l'origine de certains résultats (P&L) qui s'avéraient pourtant d'un montant très important. Ainsi, vous n'avez sollicité aucun élément s'agissant

253

de la déclaration d'un résultat de 25 millions d'euros, alors même que ce montant était anormalement élevé au regard notamment de la nature de l'activité qui était supposée l'avoir dégagé.

De la même façon, vous n'avez pas réagi face à des alertes faisant pourtant état d'éléments suspects.

En avril et mai 2007, vous avez ainsi été destinataire de courriers électroniques indiquant des écarts de passerelle importants (en particulier 94 M Euros en avril) ; une analyse approfondie de ces e-mails vous aurait permis de constater une situation anormale au regard notamment de l'utilisation de futures et forwards « fictifs » et du nombre élevé de contrats de futures DAX.

Le fait que Jérôme Kerviel ait été, en juillet 2007, emprunteur d'un milliard d'euros n'a pas non plus suscité de remarques particulières de votre part alors même qu'un tel montant était sans rapport avec les besoins générés par les produits en cause.

Au cours de cet entretien préalable qui s'est déroulé 5 mai dernier, nous vous avons exposé les raisons qui nous ont conduit à envisager la rupture de votre contrat de travail et avons écouté vos explications. Celles-ci ne nous ont pas permis de modifier notre appréciation des faits.

Par conséquent, nous nous voyons contraints de vous notifier par la présente votre licenciement.

La rupture de votre contrat de travail prendra donc effet à l'issue de votre préavis de trois mois qui commence à courir à compter du lendemain du jour de la première présentation de cette lettre, sous réserve du résultat éventuel de la demande de révision que vous avez la faculté de nous adresser directement ou par l'intermédiaire des délégués du personnel ou des représentants des Organisations Syndicales dans un délai de 10 jours calendaires à compter de la première présentation de cette lettre.

Nous vous dispensons de l'exécution de votre préavis, votre rémunération vous étant néanmoins maintenue jusqu'à la date de rupture effective de votre contrat de travail, sur la base de votre rémunération de référence.

Au terme de votre préavis, vous percevrez votre solde de tout compte et il vous sera remis votre certificat de travail ainsi qu'une attestation ASSEDIC.

En outre, en application de l'article L933-6 du Code du travail, nous vous informons que vous aurez acquis un droit individuel à la formation (DIF) d'une durée de 80 heures à la date de rupture de votre contrat de travail.

A ce titre vous avez la possibilité de demander, et ce impérativement avant la fin de votre préavis, à bénéficier d'une action de formation, de bilan de compétences ou de validation des acquis de l'expérience.

La notice jointe en annexe précise les modalités de mise en œuvre de votre droit individuel à la formation.

Veuillez agréer, Monsieur, l'expression de nos sentiments distingués.

254

ACCORD TRANSACTIONNEL

ENTRE LES SOUSSIGNES :

La **SOCIETE GENERALE**,
société anonyme au capital de 738.409.055 euros,
immatriculée au RCS de Paris sous le numéro B 552 120 222,
dont le siège social est situé au 29, boulevard Haussmann, 75009 Paris,
représentée par ▓▓▓▓▓▓▓▓▓▓ agissant en qualité de Directeur des
Ressources Humaines GEDS, dûment habilitée aux fins des présentes

D'UNE PART

ET :

Monsieur ▓▓▓▓▓▓▓▓▓▓

D'AUTRE PART

IL A ETE PREALABLEMENT EXPOSE CE QUI SUIT :

1/   LES FAITS

Monsieur ▓▓▓▓▓▓▓ a été embauché par la SOCIETE GENERALE à compter du ▓▓▓▓▓▓▓ en qualité de Trader.

Il occupait en dernier lieu les fonctions de Responsable de l'activité Delta One ; à ce titre, il avait notamment la responsabilité d'assurer un suivi attentif de cette activité et de vérifier la régularité des opérations effectuées.

La SOCIETE GENERALE a reproché à Monsieur ▓▓▓▓▓▓ d'importantes lacunes et négligences dans l'exercice de ses fonctions et plus particulièrement dans le suivi, la supervision et les contrôles que celui-ci se devait d'effectuer.

Compte tenu de ces éléments qu'elle considérait comme préjudiciables au bon fonctionnement de l'entreprise, elle a décidé d'engager une procédure de licenciement à l'encontre de Monsieur ▓▓▓▓▓▓

Elle l'a alors convoqué, par lettre du 22 avril 2008, à un entretien préalable à un éventuel licenciement ; cet entretien a eu lieu le 5 mai 2008.

Par lettre recommandée présentée le 26 mai 2008, Monsieur ▓▓▓▓▓▓ a été licencié pour insuffisance professionnelle.

2/   POSITION DE MONSIEUR ▓▓▓▓▓▓

Monsieur ▓▓▓▓▓▓ a indiqué à la SOCIETE GENERALE qu'il considérait ce licenciement comme irrégulier dans la forme, abusif et portant très gravement atteinte à son image professionnelle.

Il a contesté les motifs de son licenciement, considérant qu'il avait toujours mené à bien les missions qui lui avaient été confiées, particulièrement au regard des moyens dont il disposait ; il a soutenu qu'il ne pouvait, en tout état de cause, être tenu pour seul responsable des reproches faits.

Monsieur ▓▓▓▓▓▓ a ainsi fait valoir que les anomalies et dysfonctionnements rencontrés au sein de l'activité Delta One Listed Products tenaient notamment à un déficit d'organisation et de moyens qui ne relevait en rien de ses décisions et qu'il avait au contraire dénoncé à plusieurs reprises.

Il a à cet égard insisté sur le manque de personnel, les départs successifs au sein de différents services et l'insuffisance des outils de gestion. Il a précisé qu'il avait donné des directives précises au Responsable de l'activité Delta One Listed Products, qu'il lui avait demandé de suivre des formations, opérant au demeurant des contrôles réguliers de l'activité.

Il a ajouté que le fait que sa hiérarchie lui ait demandé, fin janvier 2008, d'assurer le maintien de l'activité Delta One et de continuer à la développer démentait à lui seul l'insuffisance professionnelle alléguée à son encontre.

Il a enfin fait valoir que son licenciement lui était particulièrement préjudiciable compte tenu notamment des conditions brutales et du contexte dans lesquels il était intervenu ainsi des conséquences financières de cette mesure, notamment sur ses « bonus différés ».

Par conséquent, il a demandé à la SOCIETE GENERALE la réparation des préjudices qu'il estimait avoir subis notamment pour licenciement irrégulier et sans motif réel et sérieux, préjudice professionnel, matériel et moral, par le versement d'une indemnité.

3/   POSITION DE LA SOCIETE GENERALE

La SOCIETE GENERALE considère que le licenciement de Monsieur ~~~~~~ est justifié dans la mesure où les reproches formulés à son encontre sont incontestablement établis.

Elle a fait valoir que l'intéressé avait fait preuve d'importantes insuffisances et lacunes dans le suivi et la supervision de l'activité dont il avait la responsabilité, lesquelles étaient démontrées par des éléments objectifs et vérifiables.

Elle lui a ainsi notamment reproché de ne pas avoir procéder aux contrôles et vérifications nécessaires, de s'être contenté d'éléments de reporting très insuffisants et de ne pas avoir réagi face à des alertes faisant état d'éléments suspects.

La SOCIETE GENERALE a indiqué que ces éléments étaient inacceptables et compromettaient le bon fonctionnement de l'entreprise.

Dans ces conditions, elle considère que les relations contractuelles ne pouvaient pas se poursuivre, étant précisé qu'elle a fermement contesté l'allégation selon laquelle la mesure de licenciement qu'elle avait initiée aurait été justifiée par le seul contexte lié aux évènements découverts en début d'année.

Elle a par ailleurs précisé que Monsieur ~~~~~~ ne pouvait pas prétendre à un quelconque versement au titre de ses bonus, en particulier des « différés » dans la mesure où les règles applicables en la matière, règles portées à sa connaissance, prévoyaient expressément une condition de présence pour pouvoir bénéficier d'une somme à ce titre.

Elle a indiqué qu'elle était en mesure de justifier de l'ensemble de ces éléments.

Enfin, la SOCIETE GENERALE a contesté le montant très excessif de l'indemnité réclamée par Monsieur ~~~~~~ en compensation des préjudices qu'il estimait avoir subis.

Finalement, les parties se sont rapprochées et, avec le concours de leurs conseils respectifs, après des concessions réciproques, sont convenues des termes et conditions de la présente transaction.

1/   MODALITES DE DEPART

1.1   Les parties rappellent que le préavis de Monsieur ~~~~~~ s'est achevé le 27 août 2008 au soir.

Monsieur ▓▓▓▓ a été dispensé de l'exécution de toute activité durant cette période au cours de laquelle il a bénéficié de sa rémunération qui lui a été intégralement réglée, selon les modalités habituelles.

1.2   La SOCIETE GENERALE versera à Monsieur ▓▓▓▓ au titre de son solde de tout compte :

-    une indemnité compensatrice de congés payés correspondant aux congés acquis jusqu'au 27 août 2008 et non pris, soit 26 jours de congés annuels acquis, représentant une indemnisation brute de 8.171,50 € ;

-    une indemnité compensatrice correspondant aux jours RTT acquis jusqu'au 27 mai 2008, soit 12,5 jours de RTT, représentant une indemnisation brute de 3.994,08 € ;

-    un montant de 4.480,71 € bruts, correspondant à 19,74 jours investis dans le C.E.T. (Compte Epargne Temps) ;

desquels seront déduites les charges sociales y afférentes,

-    une indemnité conventionnelle de licenciement définitivement fixée à 49.035 € (montant net).

1.3   Il est rappelé que Monsieur ▓▓▓▓ est lié par une obligation de non-concurrence en contrepartie de laquelle il percevra à partir du 27 août 2008, une indemnité forfaitaire mensuelle d'un montant de 6.923 € bruts. Cette obligation et le versement de l'indemnité y afférente cesseront le 27 octobre 2008.

1.4   Pour mettre fin à tout litige lié à la conclusion, l'exécution ou la rupture de son contrat de travail, et en réparation de chacun des différents préjudices invoqués par Monsieur ▓▓▓▓ compte tenu notamment des circonstances de son licenciement et à titre de règlement forfaitaire de toutes sommes quelles qu'elles soient y compris celles qui auraient pu être omises ci-dessus, la SOCIETE GENERALE accepte de lui verser une indemnité transactionnelle, forfaitaire et définitive d'un montant brut de 750.000 € (sept cent cinquante mille euros).

Il sera déduit de cette indemnité la Contribution au Remboursement de la Dette Sociale, la Contribution Sociale Généralisée ainsi que les cotisations sociales y afférentes.

Cette indemnité d'un montant net de 678.600,59 € (six cent soixante dix-huit mille six cents euros et cinquante neuf centimes) sera versée à Monsieur ▓▓▓▓ à la signature des présentes.

2/   OBLIGATIONS DE MONSIEUR ▓▓▓▓ ET DE LA SOCIETE GENERALE

2.1   Monsieur ▓▓▓▓ déclare avoir remis à la SOCIETE GENERALE tous documents et matériels appartenant à celle-ci, quelle qu'en soit la forme.

2.2   Monsieur ▓▓▓▓ constate qu'au moyen des versements visés au 1/, il aura reçu toutes les sommes ou avantages auxquels il pouvait prétendre au titre de sa collaboration au sein de la SOCIETE GENERALE ou de toutes sociétés du Groupe.

D 6 37/12

Il renonce irrévocablement à réclamer à la SOCIETE GENERALE ou à toutes autres sociétés du Groupe auquel elle appartient, tous autres avantages en nature ou en argent de quelque sorte que ce soit (salaire quelle qu'en soit la dénomination, bonus, primes diverses, remboursements, stock options, actions gratuites, indemnités de toutes natures : compensatrice de préavis, de congés payés, de licenciement, dommages-intérêts ...).

2.3 Sous réserve du versement des sommes visées au 1/, Monsieur ⬛⬛⬛ renonce à tous droits ainsi qu'à toute instance et action, à quelque titre que ce soit, à l'encontre de la SOCIETE GENERALE ou de toutes autres sociétés du Groupe auquel elle appartient ou de leurs dirigeants, liés à la conclusion, l'exécution ou à la rupture de son contrat de travail.

Il s'interdit également de participer, même de manière indirecte (notamment par la production d'attestations), à toute action ou instance, à quelque titre que ce soit, à l'encontre de la SOCIETE GENERALE ou de toutes autres sociétés du Groupe auquel elle appartient ou de leurs dirigeants.

Réciproquement, la SOCIETE GENERALE renonce à tous droits, actions et instances à l'encontre de Monsieur ⬛⬛⬛ , liés à la conclusion, l'exécution ou la rupture de son contrat de travail, sous réserve du respect par l'intéressé de ses obligations.

2.4 Monsieur ⬛⬛⬛ s'engage aux termes du présent accord à ne pas nuire aux intérêts de la SOCIETE GENERALE ou de toutes sociétés du Groupe, ou de leurs dirigeants.

Il s'engage notamment :

- à respecter strictement la confidentialité des informations relatives tant à l'activité SOCIETE GENERALE qu'à celle de ses filiales et partenaires dont il a pu avoir connaissance à l'occasion de l'exercice de ses fonctions ;

- à ne formuler aucun commentaire, ni effectuer aucune déclaration relative aux conditions de son départ et à l'exercice de ses fonctions au sein de la SOCIETE GENERALE ;

- à ne rien faire, dire, suggérer ou entreprendre qui puisse porter atteinte à l'image, à la réputation et à la considération de la SOCIETE GENERALE ou de toutes sociétés du Groupe ou de leurs salariés, dirigeants et actionnaires.

Réciproquement, la SOCIETE GENERALE s'engage à ne pas nuire aux intérêts de Monsieur ⬛⬛⬛

Il est précisé que les obligations ci-dessus prévues sont une condition déterminante de la signature du présent accord par les parties. Tout manquement à ces obligations remettrait en cause la présente transaction.

3/ TRANSACTION ET CONFIDENTIALITE

3.1 Les parties s'engagent à ne pas révéler le contenu du présent accord, sauf à y être légalement tenues. Chacune d'entre elles s'interdit plus généralement de faire tout commentaire public relatif à ce départ, de nature à porter atteinte à la réputation ou à l'image de l'autre partie.

D 6 37/13

Les parties conviennent que cette obligation de confidentialité est une condition essentielle du présent accord sans laquelle il n'aurait pu être conclu. En conséquence, toute violation de cette obligation aurait pour effet de remettre en cause la présente transaction.

3.2   Le présent accord constitue une transaction au sens des articles 2044 et suivants du Code civil, et en particulier au sens de l'article 2052 qui dispose :

« les transactions ont, entre les parties, l'autorité de la chose jugée en dernier ressort. Elles ne peuvent être attaquées pour cause d'erreur de droit ni pour cause de lésion ».

Fait à Paris
Le 03/09/08
En deux exemplaires originaux

Lu et approuvé - Bon pour Transaction, renonciation à toute action et instance

Lu et approuvé - Bon pour transaction, renonciation à toute action et instance

---

[1] Faire précéder la signature de la formule *« Lu et approuvé - Bon pour transaction, renonciation à toute action et instance »*

[2] Faire précéder la signature de la formule *« Lu et approuvé - Bon pour transaction, renonciation à toute action et instance »*

SOCIETE GENERALE
Corporate & Investment Banking

D637/14

A l'attention de Monsieur ▩▩▩▩▩▩▩▩

Lette envoyée en AR

Paris, le 19 mai 2008

Monsieur,

Comme suite à l'entretien préalable qui s'est déroulé le mardi 29 avril 2008, nous vous informons que la Société Générale a décidé de procéder à votre licenciement.

Nous sommes amenés à prendre cette décision pour insuffisance professionnelle.

Vous exerciez vos fonctions de trader au sein de l'équipe Delta One.

Dans ce cadre, il vous appartenait de faire preuve de rigueur et de vigilance notamment dans la gestion de vos portefeuilles et la réalisation des opérations susceptibles d'être effectuées.

Or, cela n'a pas été le cas.

Vous avez accepté que des opérations soient enregistrées, le 19 décembre 2007, sur l'un de vos portefeuilles alors qu'elles auraient dû l'être sur celui de l'un de vos collègues (en l'espèce sur celui de Jérôme Kerviel).

C'est ainsi que vous avez accepté la proposition de ce dernier de conserver chez vous du résultat (P&L) qui s'est avéré d'un montant très important (1M€) et qui aurait dû lui être affecté.

Les explications que vous nous dites avoir reçues de ce dernier pour justifier cette façon de procéder (pas besoin de « valo » et mauvaise compréhension des instructions par le middle office) étaient tout à fait insuffisantes.

Vous vous en êtes cependant contenté et n'avez pas prévenu votre hiérarchie ; vous avez ainsi fait preuve de négligence et démontré, à tout le moins, un manque d'esprit critique et de discernement.

De la même manière, vous avez accepté que des provisions soient comptabilisées sur l'un de vos portefeuilles le 20 décembre 2007 avant d'être annulées en deux étapes le 24 décembre 2007, ce qui révèle ici encore une démarche empreinte de laxisme.

Vous avez également fait effectuer ou enregistrer le 3 janvier 2008 un certain nombre d'opérations en date de valeur du 28 décembre 2007 aboutissant à transférer du résultat de l'exercice 2007 à l'exercice 2008 en prévision, avez-vous dit, d'éventuelles régularisations de « fees ».

261

Ce faisant, vous avez fait preuve d'un manque de rigueur évident.

Qui plus est, à aucun moment vous n'avez informé votre hiérarchie, négligeant par là même, la nécessaire transparence qui doit présider à l'exercice de vos fonctions.

Ce manque de professionnalisme est source de complication et de conflit puisqu'il rend confus la contribution de chacun et affecte la lisibilité des opérations.

Il est incompatible avec l'exercice de vos fonctions qui nécessitent notamment rigueur et transparence.

Dans ce contexte, la Société Générale a été contrainte d'engager une procédure de licenciement pour insuffisance professionnelle et vous a convoqué à un entretien préalable.

Au cours de cet entretien préalable qui s'est déroulé 29 avril dernier, nous vous avons exposé les raisons qui nous ont conduit à envisager la rupture de votre contrat de travail et avons écouté vos explications. Celles-ci ne nous ont pas permis de modifier notre appréciation des faits.

Par conséquent, nous nous voyons contraints de vous notifier par la présente votre licenciement.

La rupture de votre contrat de travail prendra donc effet à l'issue de votre préavis de trois mois qui commence à courir à compter du lendemain du jour de la première présentation de cette lettre, sous réserve du résultat éventuel de la demande de révision que vous avez la faculté de nous adresser directement ou par l'intermédiaire des délégués du personnel ou des représentants des Organisations Syndicales dans un délai de 10 jours calendaires à compter de la première présentation de cette lettre.

Nous vous dispensons de l'exécution de votre préavis, votre rémunération vous étant néanmoins maintenue jusqu'à la date de rupture effective de votre contrat de travail, sur la base de votre rémunération de référence.

Au terme de votre préavis, vous percevrez votre solde de tout compte et il vous sera remis votre certificat de travail ainsi qu'une attestation ASSEDIC.

En outre, en application de l'article L933-6 du Code du travail, nous vous informons que vous aurez acquis un droit individuel à la formation (DIF) d'une durée de 80 heures à la date de rupture de votre contrat de travail.

A ce titre vous avez la possibilité de demander, et ce impérativement avant la fin de votre préavis, à bénéficier d'une action de formation, de bilan de compétences ou de validation des acquis de l'expérience.

La notice jointe en annexe précise les modalités de mise en œuvre de votre droit individuel à la formation.

Veuillez agréer, Monsieur, l'expression de nos sentiments distingués.

262

ACCORD TRANSACTIONNEL

D637/16

ENTRE LES SOUSSIGNES :

La SOCIETE GENERALE,
société anonyme au capital de 738 409 055 euros,
immatriculée au RCS de Paris sous le numéro B 552 120 222,
dont le siège social est situé au 29, boulevard Haussmann, 75009 Paris,
représentée par ▓▓▓▓▓▓▓▓▓▓ agissant en qualité de Directeur des Ressources
Humaines SGCIB, dûment habilité aux fins des présentes

D'UNE PART

ET :

Monsieur ▓▓▓▓▓▓▓▓▓▓▓▓▓▓

D'AUTRE PART

IL A ETE PREALABLEMENT EXPOSE CE QUI SUIT :

$\mathcal{D}637/17$

1/ LES FAITS

Monsieur ~~████~~ ~~████████~~ a été embauché par la SOCIETE GENERALE à compter du 11 janvier 2001.

Il occupait en dernier lieu les fonctions de Trader au sein de l'équipe Delta One.

La SOCIETE GENERALE a reproché à Monsieur ~~████████~~ un manque de rigueur et de transparence ainsi que des négligences dans l'exercice de ses fonctions et plus particulièrement dans la gestion de son portefeuille et la réalisation des opérations effectuées.

Compte tenu de ces éléments qu'elle considérait comme préjudiciables au bon fonctionnement de l'entreprise, elle a décidé d'engager une procédure de licenciement à l'encontre de Monsieur ~~████████~~

Elle l'a alors convoqué, par lettre présentée le 21 avril 2008, à un entretien préalable à un éventuel licenciement ; cet entretien a eu lieu le 29 avril 2008.

Par lettre recommandée présentée le 23 mai 2008, Monsieur ~~████████~~ a été licencié pour insuffisance professionnelle.

2/ POSITION DE MONSIEUR ~~████████~~

Monsieur ~~████████~~ a indiqué à la SOCIETE GENERALE qu'il considérait ce licenciement comme irrégulier tant dans la forme que sur le fond, abusif et portant très gravement atteinte à son image professionnelle.

Il a contesté les motifs de son licenciement, niant avoir fait preuve de laxisme et réfutant le grief d'absence de professionnalisme.

A cet égard, il a indiqué qu'aucun reproche n'avait préalablement été formulé à son encontre, le fait que la Banque lui ait confié la responsabilité d'être seul sur son « book » démontrant au contraire ses compétences.

Il a fait valoir que s'il avait pu commettre une erreur en acceptant d'enregistrer sur son portefeuille des opérations provenant de celui de l'un de ses collègues, il ne l'avait certainement pas fait dans un but personnel et/ou lucratif, précisant sur ce point que son évaluation avait déjà été réalisée à cette date.

Il a ajouté qu'il n'y avait pas de risques pour la structure dans la mesure où les transferts intervenaient au sein de la même entité et a rappelé que sa hiérarchie avait validé la « valorisation » de fin d'année.

Il a enfin prétendu que les pratiques qui lui étaient reprochées étaient courantes au sein de la Banque et que la rupture de son contrat de travail était en réalité justifiée uniquement par les évènements découverts en début d'année.

Il a par ailleurs fait valoir que son licenciement lui était particulièrement préjudiciable compte tenu notamment du contexte dans lequel il était intervenu et des difficultés auxquelles il se heurterait nécessairement pour retrouver un emploi.

Il a enfin soutenu qu'aucune raison ne justifiait qu'il soit privé d'un bonus pour l'année 2007 alors même qu'avait été évoqué un versement à ce titre d'un montant substantiel.

Il a indiqué qu'il était tout à fait en mesure de justifier l'ensemble de ces éléments.

Par conséquent, il a demandé à la SOCIETE GENERALE le versement d'un bonus ainsi que la réparation des préjudices qu'il estimait avoir subis notamment pour licenciement irrégulier et sans motif réel et sérieux, préjudice professionnel, matériel et moral, par le versement d'une indemnité.

3/ POSITION DE LA SOCIETE GENERALE

La SOCIETE GENERALE considère que le licenciement de Monsieur ▓▓▓▓▓▓▓▓▓ est justifié dans la mesure où les reproches formulés à son encontre sont incontestablement établis.

Elle a fait valoir que l'intéressé avait fait preuve d'un manque de rigueur et de transparence évident dans l'exercice de ses fonctions, lequel était démontré par des éléments objectifs et vérifiables.

A cet égard, elle lui a reproché, outre le fait d'avoir accepté d'enregistrer sur son portefeuille des opérations qui auraient dû l'être sur celui de l'un de ses collègues, d'avoir conservé un résultat important dégagé par ces opérations.

De la même façon, elle a indiqué qu'il n'était pas normal que des flux de provisions d'un montant élevé aient été passés avant d'être annulés en plusieurs étapes ou que des transferts de résultats d'une année sur l'autre aient été opérés.

Elle a insisté sur le fait qu'à aucun moment Monsieur ▓▓▓▓▓▓▓▓▓ n'avait alerté sa hiérarchie alors même que les opérations en cause justifiaient que celle-ci soit prévenue.

La SOCIETE GENERALE a indiqué que ces éléments étaient inacceptables et compromettaient le bon fonctionnement de l'entreprise.

Dans ces conditions, elle considère que les relations contractuelles ne pouvaient pas se poursuivre, étant précisé qu'elle a fermement contesté l'allégation selon laquelle la mesure de licenciement qu'elle avait initiée aurait été justifiée par le seul contexte lié aux évènements découverts en début d'année.

Elle a par ailleurs précisé que Monsieur ▓▓▓▓▓▓▓▓ ne pouvait pas prétendre à un quelconque versement à titre de bonus dans la mesure où il n'existait aucun droit acquis en la matière, les éléments pris en compte pour envisager, au tout début de janvier 2008, une attribution s'étant au demeurant révélés inexacts et erronés.

Elle a indiqué qu'elle était en mesure de justifier l'ensemble de ces éléments.

Finalement, les parties se sont rapprochées et, après des concessions réciproques, sont convenues des termes et conditions de la présente transaction.

265

1/ **MODALITES DE DEPART**   D637/19

1.1   Le préavis de Monsieur ~~~~~~~~~~~~~~~ s'achèvera le 24 août 2008 au soir.

Monsieur ~~~~~~~~~ est dispensé de l'exécution de toute activité durant cette période au cours de laquelle il bénéficie de sa rémunération qui lui est intégralement réglée, selon les modalités habituelles.

1.2   La SOCIETE GENERALE versera à Monsieur ~~~~~~~~~~~ au titre de son solde de tout compte:

-    une indemnité compensatrice de congés payés correspondant aux congés acquis jusqu'au 24 août 2008 et non pris, soit 33,5 jours de congés annuels acquis, représentant une indemnisation brute de 7.491,15 € ;

-    une indemnité compensatrice correspondant aux jours RTT acquis jusqu'au 24 mai 2008, soit 2,5 jours de RTT, représentant une indemnisation brute de 579,41 € ;

-    un montant brut de 4.978,73 €, correspondant à 30,24 jours calendaires investis dans le C.E.T. SG (Compte Epargne Temps) ;

-    un montant brut de 3.595,10 €, correspondant à 15,5 jours ouvrés investis dans le C.E.T. SGOE (Compte Epargne Temps) ;

-    un montant brut de 5.608,67 € correspondant à 22 jours de récupération cadre au forfait ;

-    une indemnité compensatrice correspondant au prorata du 13ème mois représentant une indemnisation brute de 3.251,65 € ;

desquels seront déduites les charges sociales y afférentes,

-    une indemnité conventionnelle de licenciement définitivement fixée à 16.312 € (montant net).

1.3   Il est rappelé que Monsieur ~~~~~~~~~~~ est lié par une obligation de non-concurrence en contrepartie de laquelle il percevra à partir du 24 août 2008, une indemnité forfaitaire mensuelle d'un montant de 5.022 € bruts. Cette obligation et le versement de l'indemnité y afférente cesseront le 24 octobre 2008.

1.4   En outre, en règlement définitif et forfaitaire de toutes sommes pouvant lui être dues, y compris à titre de bonus, et pour mettre fin à tout litige lié à la conclusion, l'exécution ou à la rupture de son contrat de travail, comme en réparation de chacun des différents préjudices invoqués par Monsieur ~~~~~~~~~~~, compte tenu notamment des circonstances de son licenciement, la SOCIETE GENERALE accepte de lui verser une indemnité transactionnelle, forfaitaire et définitive d'un montant brut de 599.160 € (cinq cent quatre vingt dix neuf mille cent soixante euros).

Il sera déduit de cette indemnité la Contribution au Remboursement de la Dette Sociale, la Contribution Sociale Généralisée ainsi que les cotisations sociales y afférentes.

Cette indemnité d'un montant net de 541.575 ,51 € (cinq cent quarante et un mille cinq cent soixante quinze euros et cinquante et un centimes) sera versée à Monsieur ~~~~~~~~~~~ à la signature des présentes.

5{

1.5 Enfin, la SOCIETE GENERALE accepte de verser une somme brute de 15.000 €
pour couvrir le coût d'une mesure d'outplacement auprès d'un Cabinet qui sera
choisi par Monsieur ▓▓▓▓▓

2/ OBLIGATIONS DE MONSIEUR ▓▓▓▓▓ ET DE LA SOCIETE GENERALE

2.1 Monsieur ▓▓▓▓▓ remettra à la SOCIETE GENERALE, au plus tard le 24
août 2008, tous documents et matériels appartenant à celle-ci, quelle qu'en soit la
forme.

2.2 Monsieur ▓▓▓▓▓ constate qu'au moyen des versements visés au 1/, il
aura reçu toutes les sommes ou avantages auxquels il pouvait prétendre au titre
de sa collaboration au sein de la SOCIETE GENERALE ou de toutes sociétés du
Groupe.

Il renonce irrévocablement à réclamer à la SOCIETE GENERALE ou à toutes autres
sociétés du Groupe auquel elle appartient, tous autres avantages en nature ou en
argent de quelque sorte que ce soit (salaire quelle qu'en soit la dénomination,
bonus, primes diverses, remboursements, stock options, actions gratuites,
indemnités de toutes natures : compensatrice de préavis, de congés payés, de
licenciement, dommages-intérêts ...).

2.3 Sous réserve du versement des sommes visées au 1/ et du respect de ses
obligations par la SOCIETE GENERALE, Monsieur ▓▓▓▓▓ renonce à tous
droits ainsi qu'à toute instance et action, à quelque titre que ce soit, à l'encontre
de la SOCIETE GENERALE ou de toutes autres sociétés du Groupe auquel elle
appartient ou de leurs dirigeants, liés à la conclusion, l'exécution ou à la rupture
de son contrat de travail.

Il s'interdit également de participer, même de manière indirecte (notamment par
la production d'attestations), à toute action ou instance, à quelque titre que ce
soit, à l'encontre de la SOCIETE GENERALE ou de toutes autres sociétés du
Groupe auquel elle appartient ou de leurs dirigeants.

Réciproquement, la SOCIETE GENERALE renonce à tous droits, actions et
instances à l'encontre de Monsieur ▓▓▓▓▓ liés à la conclusion,
l'exécution ou la rupture de son contrat de travail, sous réserve du respect par
l'intéressé de ses obligations.

2.4 Monsieur ▓▓▓▓▓ s'engage aux termes du présent accord à ne pas nuire
aux intérêts de la SOCIETE GENERALE ou de toutes sociétés du Groupe, ou de
leurs dirigeants.

Il s'engage notamment :

- à respecter strictement la confidentialité des informations relatives tant à
l'activité SOCIETE GENERALE qu'à celle de ses filiales et partenaires dont il a
pu avoir connaissance à l'occasion de l'exercice de ses fonctions ;

- à ne formuler aucun commentaire, ni effectuer aucune déclaration relative aux
conditions de son départ et à l'exercice de ses fonctions au sein de la SOCIETE
GENERALE ;

- à ne rien faire, dire, suggérer ou entreprendre qui puisse porter atteinte à l'image, à la réputation et à la considération de la SOCIETE GENERALE ou de toutes sociétés du Groupe ou de leurs salariés, dirigeants et actionnaires.

Réciproquement, la SOCIETE GENERALE s'engage à ne pas nuire aux intérêts de Monsieur ▓▓▓▓▓▓ et notamment :

- à ne formuler aucun commentaire, ni effectuer aucune déclaration relative aux conditions de son départ et à l'exercice de ses fonctions au sein de la SOCIETE GENERALE ;

- à ne rien faire, dire, suggérer ou entreprendre qui puisse porter atteinte à l'image, à la réputation et à la considération de Monsieur ▓▓▓▓▓▓

Il est précisé que les obligations ci-dessus prévues sont une condition déterminante de la signature du présent accord par les parties. Tout manquement à ces obligations remettrait en cause la présente transaction.

3/ TRANSACTION ET CONFIDENTIALITE

3.1 Les parties s'engagent à ne pas révéler le contenu du présent accord à des tiers, sauf à y être légalement tenues notamment sur demande expresse des autorités judiciaires, de l'administration fiscale ou des organismes sociaux. Chacune d'entre elles s'interdit plus généralement de faire tout commentaire relatif à ce départ, de nature à porter atteinte à la réputation ou à l'image de l'autre partie.

Les parties conviennent que cette obligation de confidentialité est une condition essentielle du présent accord sans laquelle il n'aurait pu être conclu. En conséquence, toute violation de cette obligation aurait pour effet de remettre en cause la présente transaction.

3.2 Le présent accord constitue une transaction au sens des articles 2044 et suivants du Code civil, et en particulier au sens de l'article 2052 qui dispose :

« les transactions ont, entre les parties, l'autorité de la chose jugée en dernier ressort. Elles ne peuvent être attaquées pour cause d'erreur de droit ni pour cause de lésion ».

Fait à Paris
Le 1 octobre 2008
En deux exemplaires originaux

Lu et approuvé Bon pour transaction, renonciation à toute action et instance

Lu et approuvé Bon pour transaction, renonciation à toute instance et action

[1] Faire précéder la signature de la formule « *Lu et approuvé - Bon pour transaction, renonciation à toute action et instance* »
[2] Faire précéder la signature de la formule « *Lu et approuvé - Bon pour transaction, renonciation à tous droits, actions et instances* »

RG

« Le nom propre d'un homme n'est pas compa-
rable à un manteau qui pend autour de lui et
qu'on peut secouer et tirailler, mais bien à un
habit qui va parfaitement, qui s'est développé sur
lui comme la peau et que l'on ne peut ni érafler ni
écorcher sans le blesser lui-même. »

Goethe

Remerciements

à ma formidable maman si forte et si aimante,
à mon père dont la mémoire ne me quitte jamais,
à mes proches qui me soutiennent depuis le début,
à tous les anonymes dont les mots souvent touchants
m'ont aidé à traverser cette épreuve.

Table

Mise en pages par Meta systems
Roubaix (59100)

CET OUVRAGE
A ÉTÉ ACHEVÉ D'IMPRIMER
SUR ROTO-PAGE
PAR L'IMPRIMERIE FLOCH
À MAYENNE EN AVRIL 2010

N° d'édition : L.01EHBN000338.N001. N° d'impression : 76479.
Dépôt légal : mai 2010.
Imprimé en France